高校图书馆读者服务工作拓展与创新研究

常晓薇 ◎ 著

吉林出版集团股份有限公司

图书在版编目（CIP）数据

高校图书馆读者服务工作拓展与创新研究 / 常晓薇著. — 长春：吉林出版集团股份有限公司, 2024.4
ISBN 978-7-5731-4835-3

Ⅰ．①高… Ⅱ．①常… Ⅲ．①院校图书馆－图书馆服务－研究 Ⅳ．①G258.6

中国国家版本馆CIP数据核字（2024）第081637号

高校图书馆读者服务工作拓展与创新研究
GAOXIAO TUSHUGUAN DUZHE FUWU GONGZUO TUOZHAN YU CHUANGXIN YANJIU

著　　者	常晓薇
责任编辑	张继玲　王艳平
封面设计	林　吉
开　　本	787mm×1092mm　1/16
字　　数	186千
印　　张	13
版　　次	2024年4月第1版
印　　次	2024年4月第1次印刷
出版发行	吉林出版集团股份有限公司
电　　话	总编办：010-63109269
	发行部：010-63109269
印　　刷	廊坊市广阳区九洲印刷厂

ISBN 978-7-5731-4835-3　　　　　　　　　　　定价：78.00元

版权所有　侵权必究

前　言

图书馆是大学标志性建筑，图书馆的藏书、借阅流程与现代化程度，代表着一所大学的办学水平和科研地位。在高校，人们可以从师生使用图书馆的状况初步判断出这所大学的教风、学风和校风。大学生毕业多年后可以淡忘许多事情，但一定对母校的图书馆记忆犹新。优秀的学生群体一定会在图书馆内度过自己的青春岁月，在"泡"图书馆的过程中得到理性的升华和阅读的享受。国内外著名大学一定有同样著名的图书馆，明智的大学校长一定会格外重视图书馆的软硬件建设，重视图书馆藏书的拓展与管理，审视图书馆信息化、现代化建设，重视师生对图书馆建设与管理的评价，从而使图书馆信息量更大，功用更全面，服务范围也更广泛。时代的变迁，社会的进步，信息传播方式的改变以及人们阅读习惯的改变，无形之中弱化了图书馆的作用。新形势下，我们需要结合互联网时代的信息传播与存储方式，更好地发挥图书馆的原有功能，拓展适应新环境的新功能。

高校图书馆读者服务的特殊性决定了它的内涵。随着时代的发展、科技的进步，人们的衣食住行等物质生活方面得到极大改善的同时，思想也发生了翻天覆地的变化，随之而来的就是精神层面的升华。尤其作为新时代在校大学生，他们不仅对于图书馆服务方式的改变与进步有着迫切的需求，而且对于传统文献内容的理解和对新时代背景下的新文化、新知识的渴求有着日新月异的变化。基于这种趋势的不断发展，图书馆的读者服务已非传统意义上的以借还图书为主的"读者服务"可以满足了的。作为一个规范性的概念，现代的"读者服务"在内容上已经发展成了一个多成分、多层次的网络状结构。

笔者在撰写本书的过程中参考和借鉴了一些学者的研究成果，在此表示衷心的感谢。由于笔者水平有限，书中难免有不足之处，恳请读者批评指正。

常晓薇

2024 年 1 月 20 日

目　录

第一章　高校图书馆读者服务理论基础 ⋯⋯⋯⋯⋯⋯⋯⋯⋯⋯ 1
　　第一节　图书馆服务理论 ⋯⋯⋯⋯⋯⋯⋯⋯⋯⋯⋯⋯⋯⋯⋯ 1
　　第二节　图书馆标准化理论 ⋯⋯⋯⋯⋯⋯⋯⋯⋯⋯⋯⋯⋯⋯ 17
　　第三节　高校图书馆服务标准的理论框架 ⋯⋯⋯⋯⋯⋯⋯⋯ 23

第二章　高校图书馆读者服务创新管理 ⋯⋯⋯⋯⋯⋯⋯⋯⋯⋯ 29
　　第一节　图书馆读者服务创新管理概述 ⋯⋯⋯⋯⋯⋯⋯⋯⋯ 29
　　第二节　图书馆读者服务管理理念的发展 ⋯⋯⋯⋯⋯⋯⋯⋯ 33
　　第三节　图书馆读者服务宏观创新管理 ⋯⋯⋯⋯⋯⋯⋯⋯⋯ 35
　　第四节　图书馆读者服务微观创新管理 ⋯⋯⋯⋯⋯⋯⋯⋯⋯ 47

第三章　新形势下图书馆读者服务工作 ⋯⋯⋯⋯⋯⋯⋯⋯⋯⋯ 50
　　第一节　图书馆读者服务工作影响因素及对策 ⋯⋯⋯⋯⋯⋯ 50
　　第二节　图书馆入馆教育服务 ⋯⋯⋯⋯⋯⋯⋯⋯⋯⋯⋯⋯ 56
　　第三节　图书馆读者服务中读者意见处理机制 ⋯⋯⋯⋯⋯⋯ 61
　　第四节　图书馆读者服务质量评价指标 ⋯⋯⋯⋯⋯⋯⋯⋯⋯ 66

第四章　高校图书馆服务标准体系 ⋯⋯⋯⋯⋯⋯⋯⋯⋯⋯⋯⋯ 73
　　第一节　高校图书馆服务标准体系的结构 ⋯⋯⋯⋯⋯⋯⋯⋯ 73
　　第二节　高校图书馆服务标准体系的验证 ⋯⋯⋯⋯⋯⋯⋯⋯ 76

第五章　高校图书馆智慧化读者服务拓展平台构建 ⋯⋯⋯⋯⋯ 84
　　第一节　智慧图书馆服务平台构建概述 ⋯⋯⋯⋯⋯⋯⋯⋯⋯ 84

第二节　面向智慧图书馆的知识服务平台构建 ……………… 94
　　第三节　高校图书馆微信公众号服务平台的设计 …………… 108

第六章　高校图书馆读者服务创新路径 …………………………… 127
　　第一节　图书馆个性化读者服务模式及策略 ………………… 127
　　第二节　高校图书馆个性化服务管理机制 …………………… 136
　　第三节　教练技术在高校图书馆读者服务中的应用 ………… 139
　　第四节　大数据环境下图书馆提升个性化服务质量的方式及途径 … 145

第七章　新时期高校图书馆读者服务创新模式研究 ……………… 169
　　第一节　高校图书馆学科知识服务模式构建 ………………… 169
　　第二节　高校图书馆移动服务创新模式 ……………………… 178
　　第三节　高校图书馆信息共享空间服务模式 ………………… 186
　　第四节　高校图书馆"重点读者"服务创新模式 …………… 195

参考文献 ………………………………………………………………… 198

第一章 高校图书馆读者服务理论基础

第一节 图书馆服务理论

一、图书馆服务的内涵及特征

《中国大百科全书·图书馆学、情报学、档案学》中对"图书馆服务"的描述是:"图书馆服务是图书馆利用馆藏和设施直接向读者提供文献和情报的一系列活动,有时也称图书馆读者工作。"《新编图书馆学情报学辞典》中对图书馆服务的界定是:"图书馆服务是为履行其职能,围绕文献与读者而开展的一系列工作,是图书馆活动的组成部分。特指组织读者利用图书馆资源的各种活动,包括读者服务、读者培训、读者研究及相关政策制度与组织管理等。"这两个概念为我们指出了图书馆服务的活动类别。王世伟认为,图书馆的服务是图书馆工作者以建筑设施、技术设备、文献资源为依托,以真挚的情感、聪明的才智和自觉的行动为代价,提供适合于满足读者对知识、信息需求和心理满足的劳动活动及活动所产生的结晶。柯平提出,图书馆服务是为满足读者和社会需求,利用图书馆的文献信息及其他各种资源,实现图书馆使用价值的全部活动。该观点指出了图书馆服务包括三大要素:一是对象，即读者与社会；二是内容，即利用图书馆的资源；三是目标，即实现图书馆的使用价值。

（一）图书馆服务的内涵

图书馆服务的内涵为：一是图书馆服务以图书馆用户为中心，以满足用户的需求为目的，服务的产生由需求开始，服务的存在是为了实现用户的需求。二是图书馆服务提供者必须具有一定的能力，掌握一定的服务手段才能实现服务目标。服务提供者的能力既包括体力和智力上的能力，又包括服务的技能和所拥有的资源；服务提供者的服务手段包括必要的软硬件、操作流程、工具、服务设施和设备，这些主要以有形资源的形式来呈现。三是服务的过程就是服务供需双方的接触过程，通过一系列服务活动来实现，具有无形性的特征。四是服务的结果是满足用户需求，通过服务过程实现服务结果，且这种结果通常也是无形的。

为了实现图书馆服务目标，图书馆服务必须包含的基本要素有：第一，图书馆用户，即服务需求者，他们产生和提出服务需求，既是服务流程的起点，又是服务流程的终点。第二，图书馆服务提供者，即提供服务的个人或组织，以满足用户需求为宗旨。第三，图书馆服务能力，即图书馆应拥有提供服务所需的资源，并能够通过一定的流程或程序实施服务。第四，图书馆服务接触，是图书馆与用户之间为了实现服务需求的彼此交互过程。

（二）图书馆服务的特征

1.图书馆服务的无形性。与有形产品相比，无形性是服务的最大特点。服务是表现、行动或过程，所以无法在购买和使用前凭借感觉器官来感觉、看到或触摸服务的特性并以此判断服务质量的优劣，只能在购买服务后，通过使用服务的过程进行感官上的认识和感觉。图书馆服务也具有这种无形性，图书馆用户在选择和使用服务前对于服务具有一定的盲目感，对图书馆服务的认可与否只能通过使用服务后做出评价。无形性造成了图书馆服务的信息不对称，不利于向用户展示图书馆服务，也不利于与用户进行沟通，用户无法通过直观的外在信息感知服务。虽然优质的图书馆服务会令用户感到愉悦，令人不满意的图书馆服务招致用户的抱怨和投诉，但对于本次服务而言，只是在事后做出的评价。因此，为了增加用户对图书馆服务的认识，必须通过其他方式事先将图书馆服务的具体情况传递给客户，图书馆主动制定服务标准规范便是一种有效的信息传递方式。

2. 图书馆服务的异质性。服务的提供是依靠服务提供者与用户接触而产生的，服务主体和服务对象都是人，每一个人都具有自身个性，服务的品质既受到服务提供人员的素质差异的影响，又受到客户个性特点和个体需求的影响。不同素质的服务者会产生不同的服务效果，同样的服务者为不同要求的客户服务也会产生不同服务质量效果。服务的行为几乎不可能完全一样。服务的异质性因而产生。服务的这一特性要求图书馆重视服务规范，提高馆员自身素质，通过制定服务标准对服务的构成要素和服务质量做出统一认定，加强与图书馆用户对服务要求的沟通，全面实施服务标准，尽量保证服务的一致性，并赋予图书馆员适当权力处理用户的个性化要求，从而提高服务质量。

3. 图书馆服务中生产和消费的同时性。有形产品从原材料采购、生产加工、物流运输到分销，按照流程发生在不同的时间和地点，是异时的。服务的产生过程就是客户使用的过程，服务的生产和消费同时发生，服务生产与服务消费同时伴生，相互依存，不可分离。对于图书馆而言，服务的质量，用户对服务的满意与否都是在服务过程中产生的，依靠的是服务交互过程，这个过程包括图书馆员之间、馆员与用户之间的行为；低质量的服务将造成无可挽回的后果。因此，提高图书馆服务质量不是临时的工作，而要事先做好充足的准备，提升馆员服务素质，保障服务能力，统一服务要求，制定服务准则，才能在为图书馆用户提供服务的过程中将优质服务传递给他们。同时还意味着图书馆服务要重视时间开销。由于服务是实时传递的，用户必须在现场接受服务，时间（包括搜索图书馆服务、等待图书馆服务、使用图书馆服务的时间）将全部被列入成本，因此，提高用户对图书馆服务质量的感知，必须通过规范的服务要求实现迅速服务、主动服务。

4.图书馆服务的不可储存性。顾客在购买有形产品后可以自主选择使用的时机，可以不立即使用而通过合理的方式储存起来，待需要时再使用。图书馆服务的生产和消费是同时发生的，提供者提供服务的过程不可能储存起来待今后使用或转让给他人使用，服务生产过程的结束就代表其消费的完成。图书馆服务具有的同时性也造成服务消费的过程不可储存，因此，重视图书馆用户的服务体验、重视服务过程、重视每一个服务环节成为提高图书馆用户满意度的重要途径。图书馆服务标准的制定与实施，可以促使图书馆员重视每一次的服务提供，认真对待每一个服务环节，按要求保质保量地提供规范的服务。

5.图书馆服务的用户参与性。对于有形产品来说，客户就是整个产品供应链的末端，意味着产品最终到达客户，客户只能够购买产品和消费产品，无法参与本次产品的生产过程。但对于服务而言，由于其生产与消费不可分割，同时发生，因而服务通常需要客户参与其中。因此，图书馆服务质量不仅受到馆员影响，还受到来自用户的影响。图书馆用户如何参与服务、用户是否能熟练地参与服务过程都将对服务造成影响。这就要求图书馆对整个服务进行合理规划与设计，不仅对图书馆管理员提出要求，对图书馆用户也需要提出相应的要求，进行一定的指导。当然，用户在图书馆服务过程中是否能履行自己的职责往往受到服务提供过程环境的影响，如果服务环境的设计符合用户需要，就能够提高用户感知服务质量和参与服务的程度。

6. 所有权的不可转让性。有形产品是一种物品，消费者付出一定的代价购买产品就获得实有的物品，产品的所有权就从产品提供方转移到了客户。服务是一种行为或过程，在生产和消费的过程中并不涉及物品所有权的转移，服务在交易和消费完成后便消失了。例如，在图书馆享用阅览服务，并不意味着可以将图书馆的图书占为己有。

图书馆服务所具有的特性来自服务本身，这些特性启示图书馆管理者和研究者重视图书馆服务，加强图书馆服务规范的研究和应用，通过有形实在的服务标准向用户传达无形隐蔽的服务信息，促进图书馆服务双方的有效沟通，提高图书馆服务质量和用户对图书馆服务的满意程度。

二、图书馆服务的类型

依照不同的划分标准，服务可以有不同的分类，由此决定了图书馆服务的类型。按照服务工具的区别,服务可以分为以机器设备为基础的服务和以人为基础的服务;图书馆服务二者兼而有之,设施设备和图书馆员是开展图书馆服务的必要条件。按照服务活动的本质,服务可以划分为作用于人的服务和作用于物的服务;图书馆服务主要是作用于人,即图书馆读者的服务,即使对图书、文献进行处理加工也是为了满足读者对图书资料或信息的需求。按照服务组织与客户的联系状态可以分为连续性服务和非连续性服务;图书馆用户在需要时使用图书馆服务,因此属于非连续性服务。按照作用于服务组织的目的和所有制的区别可以划分为营利性服务、非营利性服务、私人服务和公共服务;总体上,图书馆服务属于非营利性服务。按照服务提供的形式可以分为提供实物的服务、提供信息的服务以及提供知识的服务;图书馆向用户提供服务的形式可能是三者之一,也可能是三种的任意组合,如图书借阅主要是提供实物,导读服务则既要提供实物又要提供一定的信息,而学科咨询服务则以提供知识为主。随着用户需求的改变和图书馆服务能力的提升,图书馆越来越多地向用户提供知识,知识服务已成为当今图书馆服务的一大趋势。图书馆服务类别也可以按照图书馆类型来划分,主要包括公共图书馆服务、高校图书馆服务、国家图书馆服务、学校图书馆服务、专业图书馆服务、企业图书馆服务等。

当然,图书馆服务分类最常见的方式是按照图书馆提供的服务内容进行划分的,随着计算机技术、声像技术、通信技术等在图书馆的广泛应用,图书馆服务手段日益多样化,图书馆服务内容也不断增加。常见的图书馆服务内容有:阅览、外借、缩微复制、参考咨询、编译报道、文献传递、信息检索、专题讲座、展览、自助等服务。不同类别的图书馆，其服务内容具有一定的侧重点。

教育部 2015 年印发的《普通高等学校图书馆规程》指出，高等学校图书馆是学校的文献信息资源中心，是为人才培养和科学研究服务的学术性机构，是学校信息化建设的重要组成部分。高等学校图书馆的工作是学校教学和科学研究工作的重要组成部分。高等学校图书馆的建设和发展应与学校的建设和发展相适应，其水平是学校总体水平的重要体现。高校图书馆隶属于特定高等教育机构，为所属高校的师生、科研人员或其他相关人员和机构提供服务，其服务工作以最大限度地满足读者的需要，为学校的教学和科学研究提供切实有效的文献信息保障为目标。

20 世纪 90 年代初，随着计算机、现代通信、网络、多媒体等技术的发展，为了满足用户对信息资源的各种需求，高校图书馆着力改变原有提供文献借阅的服务模式，对其服务方式和服务内容做出了许多新的尝试。美国田纳西大学、伊利诺伊大学香槟分校、布莱恩特大学、德雷塞尔大学等共同从科研、教学等多个社会化和专业化领域开展了高校图书馆的价值研究的 UVR（Use, Value and Return on Investment；使用程度，使用价值，投资回报）项目，在该项目中，高校图书馆服务被归纳为以下 11 类：一是期刊、图书及其他出版物的访问服务；二是网络设备、视听设备等软、硬件设施提供的服务；三是馆际借入服务；四是馆际借出服务；五是参考咨询和学术研究支持服务；六是指导性服务，如嵌入课堂教学；七是公共宣传服务，如馆内电视宣传和实时通信宣传；八是空间服务，如提供工作室和项目活动空间；九是客户端远程访问服务；十是复制和传送服务；十一是对校外用户的敞开性服务。

现代大学图书馆面对师生日益增长的学习、研究和学术交流的需求，已经不仅成为社会化、多功能、综合性的学术中心、信息中心和文化中心，更成为健康、舒适、开放式的学习交流和社交场所，有利于用户的学习和休闲活动。

三、图书馆服务的要素

（一）来自服务理论分析的要素

服务是多种多样的，服务的多样性是由服务要素的不同组合决定的。服务要素是构成服务、使服务能够达成用户需求的各种要素，如服务设施、服务环境等。在前面分析图书馆服务内涵时，曾总结了图书馆服务实现的基本要素包括图书馆用户、图书馆服务提供者、图书馆服务能力、图书馆服务接触。除了这些基本要素之外，为了构建图书馆服务标准体系，还要从服务理论中挖掘更多的相关要素。

服务理论认为，服务要素除了基本要素，还包括服务环境、合同、支付、交付、设备、预防性措施和沟通。决定服务是否能够达成最重要的因素当数服务能力。服务能力是指服务满足顾客和相关方明确和隐含要求的一组固有特性的能力。服务能力包含服务提供能力。决定服务能力的服务特性是指根据该项服务所需实现或具有的功能及其相关要求，如图书馆提供的文献传递服务具有及时性就能体现图书馆服务能力。服务特性应在服务提供前加以确定。服务特性具有以下显著特点：服务结果取决于服务提供的员工质量和管理；服务过程直接面对客户；服务有若干不同的特性，互相制约，相互影响，如图书馆向用户提供信息的及时性和全面性是互相制约的。作为服务能力的特性，所有的服务特性应该是能评价的，评价的依据有两个，即客户的需求和组织的规定及标准。服务特性的评价就是将服务提供过程、结果与服务组织有关的规定、标准和顾客的需求进行比较。服务提供者的服务能力必须保持相对的恒定性，在服务要求文件中可能指定的服务特性实例包括：（1）设施、能力、人员的数目和材料的数量；（2）等待时间、提供时间和过程时间；（3）卫生、安全性、可靠性和保密性；（4）应答能力、方便程度、礼貌、舒适、环境美化、胜任程度、可信性、准确性、完整性、技艺水平、信用和有效的沟通联络。服务提供的规范需要做出具体的规定。从服务本身的作用机制来看，服务是由服务提供者为满足客户而提供的内容，是由一系列动作环节组成的过程，服务的生产和消费是同时进行的，用户感知服务质量往往也发生在同时进行的生产和消费的交换作用和交互过程之中。因此，服务交互是服务中的重要问题之一。美国研究者最早提出服务中的交互问题，将其称为服务接触，意思是"顾客与服务提供者之间的动态交互过程"，不过，他们认为"服务接触是服务双方的角色表演，顾客和员工各自承担自己的角色"，服务接触局限于顾客和员工之间的人际接触，因此他们提出的服务交互是比较狭义的交互。基于服务接触概念，服务营销专家肖斯塔克提出服务交互概念，既包括服务人员与顾客的交互，又包括顾客与设备、其他有形物的交换。同时顾客之间也存在交互，而且这种交互还会直接影响顾客对服务过程的评价，直接影响顾客感知的服务质量。另外，在实践应用中，服务要素中的服务交互也常被称为服务提供，不过，服务交互更强调双方作用机制，突出服务双方的参与，相比之下，服务提供强调单方面作用机制，突出提供方的服务能力。服务交互是一个抽象概念，图书馆服务交互是指在图书馆服务过程中的服务接触面，包括馆员与用户的接触面、用户与图书馆物品（包括实体和电子的资源、设施设备等）的接触面、用户与用户之间的接触面。对图书馆服务交互的要求可以转化为对馆员的服务意识和服务技能的要求，也可以转化为对用户利用服务的意识以及与馆员、其他用户协作的能力的要求。

另外也有研究者认为服务实质上体现的是客户需求的价值，因此，将服务包含的要素统称为服务包。服务包是指服务产品是各种有形服务和无形服务的一个集合或者组合，非常形象地道出服务产品就如同一个包裹，涵盖了各种服务，也被称为顾客的价值包。当服务提供者为用户提供服务时，并不仅仅包括该服务本身，还包括为了完成服务而具有的各方面特性，因此，服务包的组成要素通常包括：（1）支持性设施，是服务时必需的物质资源，即服务设施，主要包括建筑、空间、环境、设备等，如图书馆的阅览室、阅览座椅、书库、照明灯等；（2）辅助物品，是指客户为了享用服务而购买和消费的物质产品，或顾客自备的物品，如图书馆的纸笔、查新报告等；（3）显性服务，是指可以感官察觉的、为客户提供的基本或具有本质特性的服务利益，是服务包的核心要素，如用户在图书馆借到了想看的书、通过图书馆数据库查到了想要的论文；（4）隐性服务，是指客户在服务中体验到的精神状态，是服务的本质特性，如用户在图书馆阅览图书时感受到图书馆安静的氛围、借书时感受到馆员友好的服务态度。以上四类要素构成了服务，其中，显性服务是客户真正需要的内容，其余三者起到辅助作用。服务包的每一方面都会影响用户对服务的感受和体验，从而影响用户对服务做出的评价。

（二）来自图书馆服务研究的要素

为了进一步挖掘图书馆服务要素，本书将采用文献计量法，从中外文数据库有关图书馆服务的论文中提取图书馆服务要素，主要采用引文网络分析法和共现聚类分析法。

一是引文网络分析法。每一个研究领域都是经过知识的不断积累和扩散形成的，具体表现为科学文献间的引用，通过对引文网络的分析，可以追溯某一领域发展的历史，追踪学科的热点和研究方向，评价科学的发展趋势。普赖斯最早应用引文网络关系来探测领域的知识结构和变化。后来，哈蒙和多莱尔提出识别出引文网络中具有最大连通度的系列文献称为主路径。主路径是承载领域知识扩散的核心通路。基于主路径分析的核心通路，便可以主路径为种子文献，对引文网络基于弧线值聚类，利用弧线值的相似性将相关文献聚集成小群体，即主题岛，从而可以通过对主题岛的主题分析得到领域发展过程中的主要研究范畴。

二是共现聚类分析法。相同特征项共同出现在多篇论文中的现象称为共现，如多篇论文共同出现的关键词、共同出现的合作者、共同出现的合作机构等。对共同出现的特征项进行分析从而反映论文之间的关联则称为共现聚类分析。共现聚类分析法中最常见的是共词分析，又以关键词共现聚类使用最广泛。

四、图书馆用户满意及服务质量理论

与图书馆服务关联最密切的当数用户,图书馆服务的产生、存在及不断发展,皆源于用户的信息需求及其满足,因此,以用户需求为图书馆服务的起点、以用户需求满足为图书馆服务的目标是图书馆服务的最基本导向,提供高质量的服务是图书馆服务标准的最基本准绳。

用户满意概念来自营销学的顾客满意,ISO9000:2005标准对顾客满意的界定是"顾客对其要求已被满足程度的感受"。图书馆用户满意是指用户对其要求得到图书馆满足程度的感受。对满意的测度就产生了图书馆用户满意度。图书馆用户满意度是指用户对图书馆提供服务的满意程度,是用户接受图书馆一次或多次服务经历的内心感受和主观评价,通过用户接受服务的可感知的效果与其期望值比较进行测定。在对图书馆用户满意度的研究中,研究者分别分析了影响因素或构建了测度的指标体系,这些指标体系或因素指出了图书馆服务通过哪些方面的努力能提高用户满意度,从中能提取符合用户期望的图书馆服务标准要素。

科里奇和哈西德考察了高校图书馆后提出环境是影响高校图书馆用户满意度的重要指标,具体影响因素包括隐私、个人空间、领土权和拥挤程度。另有研究认为,服务质量和用户满意度是相互影响的,影响用户满意度的五大因素为:图书馆工作人员愿意帮助用户,在线查询响应,图书馆工作人员积极并及时提供服务,图书馆建筑和标识是清晰的,图书馆工作人员是友好和礼貌的。初景利提出影响用户满意度的因素主要有:资源状况,即资源是否丰富，资源是否容易获取；馆员状况，即图书馆员的知识水平、服务水平、工作效率和工作态度；环境状况，即环境整洁、美观、舒适；用户自身状况，即对利用图书馆的认识、利用文献资源技能的掌握程度。王向锋和杨玫认为影响高校图书馆用户满意度的主要因素可以总结为4P，即服务提供者（Provider，包括人员、设备、图书、数据库）、服务过程（Process，包括服务态度，服务的及时性、经济性和先进性，服务项目的多少，个性化服务）、服务接受者（Patron，包括用户特征和获取信息的能力）及服务场所（Place，如馆内的布置、摆设与空间的大小，环境舒适、优美、整洁、安静）。鞠建伟等人从工作人员、文献资源、服务方式、环境、设备、服务结果六个方面总结了用户满意的服务要求指标，其指标体系中考察的主要是工作人员的可信、可靠和亲和性，与其他研究者的观点有所区别。高雯雯等人主要从服务（服务效率、服务方式、服务时间、服务态度）、文献、设备、环境等方面提出了读者满意的指标体系。为了实现用户满意，研究者们提出的用户满意度指标体系都共同强调了图书馆环境、图书馆设备、图书馆资源、图书馆人员。

  杨志刚等人认为图书馆服务质量可以从图书馆和用户两个角度来衡量。前者通过图书馆标准，也就是图书馆内部的各项规章制度来体现，能够被感知和具体执行，被称为显性标准，也叫客观标准；后者指图书馆用户对服务的期望水平，不易察觉，不可预知，被称为隐性标准，也叫主观标准。图书馆服务工作的重点就是对隐性标准的识别与外化，使服务最大可能接近用户的期望；他们通过研究证明，用户体验的图书馆服务质量可以转变为确定的图书馆标准。

根据转化模型，Kano模型可以实现隐性标准的事先识别和外化，通过LibQUAL模型实现隐性标准的事后识别和外化。杨志刚等人还阐述了如何更好地改进两种模型的问卷、更好地收集调查数据，从而更好地将隐性质量标准转化为显性质量标准。根据Kano模型设计的Kano问卷包括23个问题。问项"1.图书馆员接待热情友善""2.图书馆员仪表整洁，行为举止文明得体""3.图书馆员能够正确理解您的需求，并提供可信答复"体现的是对馆员的态度、职业素养等方面的要求。问项"15.图书馆环境舒适、整洁、安静，充满文化氛围""16.馆内设置各种指引标识""18.馆内提供必要的设备（网络环境、计算机、打印机等）""20.馆内温度（空调和暖气）、饮水、卫生间、通风、安全等方面条件适宜"反映了对图书馆环境方面的要求。问项"19.允许您远程（在办公室、家中或宿舍）获取馆内电子资源""11.图书馆网站对其他资源（如课件、试用数据库、免费网络资源、娱乐资源等）进行集成与管理"体现了图书馆服务方式的要求。问项"5.图书馆帮助您及时获取最新电子资源信息""6.图书馆满足您在交叉学科学习和研究方面的需求""8.图书/期刊（包括电子版）收藏齐全，能够满足您的需求""9.光盘可以借阅""10.图书馆网站对网络学术资源整合，提供统一检索平台"反映了对图书馆资源方面的需求。问项"7.图书馆及时回复您对图书馆工作提出的批评和建议，并改进工作""4.图书馆开设利用图书馆和文献检索方面的各种培训讲座或课程""17.馆内提供联合目录检索""12.开展参考咨询服务（包括实地、邮件、网上即时咨询）""13.开展馆际互借和文献传递服务""14.提供科技查新服务""21.适当延长开馆时间""22.馆内设置自习室""23.

馆内设置供团队学习、研究用的单独空间"反映了对图书馆服务内容的要求。

归根结底，图书馆服务质量和用户对图书馆的满意程度都来源于图书馆的服务。无论高校图书馆是否对服务进行了明文规范，图书馆服务总是根据一定的服务要求来开展的，并达到一定的服务质量。因此，从这个意义上讲，可以根据已经较为成熟的图书馆用户满意和服务质量体系来反推出图书馆服务标准，从它们的因素来反推出图书馆服务标准的具体要素。本书根据上述对用户满意度和服务质量的研究分析，归纳出图书馆服务应关注的规范要求包括服务设施设备标准、服务资质标准、员工、职业素养、服务能力、服务态度、服务沟通、个性服务关注、服务补救，主要反映出服务提供过程的要求和规范。

五、高校图书馆服务的作用

（一）支撑教学

教书育人是高等学校的首要任务，是社会衡量高校办学质量的重要指标。高等学校通过教学培养高层次人才，对提高社会文化素养具有重要作用。因此，支撑教学是高校图书馆的主要功能之一。一般而言，高校图书馆可以为教学提供教学的场所，提供教学资源，如教材、参考资料等。在现代信息技术的支持下，高校图书馆提供的教学帮助更为丰富、全面和及时。除了数字化的文献资源，与教学相关的音视频材料都可通过图书馆提供给师生，从而支撑教学全过程。

（二）支撑科学研究

除了教学，高等学校的另一主要任务就是开展科学研究，高校图书馆应支持所在高校各个学科的科学研究。科学研究的起点有赖于及时准确的信息，高校图书馆通过收集科技动态、国家战略规划、学科前沿、市场需求信息等为科学研究提供论证依据。图书馆还拥有支持科研全过程的丰富的信息资源和多种形式的信息服务。图书馆不断扩展学术信息交流空间，组织学术探讨和咨询，为科学研究提供必备的条件。

（三）支撑学生学习

学生是高校的主体，支撑学生学习是高校图书馆的职责所在。高校图书馆通过图书馆实体为学生提供学习场所和学习氛围，通过图书馆丰富的文献信息为学生提供学习资源，通过图书馆服务为学生提供学习辅助。学生是未来社会的主体，高校图书馆为学生提供的学习服务将对其未来人生产生潜移默化的影响。培养学生利用图书馆的学习习惯、学习方式，将促进他们的终身学习，提高社会成员的文化素质。

（四）支撑文化传播

除了服务本校师生外，为社会服务也是高校图书馆的义务，在高校图书馆为社会服务的范畴中，文化服务是其主要功能。《普通高等学校图书馆规程》中指出，有条件的高等学校图书馆应尽可能向社会读者和社区读者开放。高校图书馆通过其所在地的社区向社区居民进行宣传，动员他们使用图书馆的资源，举办讲座、展览等，向他们传播文化。高校图书馆还应与当地的政府、企事业单位联合发挥文化服务功能。例如，向它们捐赠图书、软件、设备，建立地方文献库和专题库，为企事业单位提供定制信息服务，提供智力和人力支持，将高校图书馆的文化资源输送到更多公众手中。

高校图书馆服务应发挥的作用是高校图书馆组织信息资源和提供服务的根据，依据高校图书馆服务作用制定的服务标准能准确反映用户需求和图书馆服务目标，不仅成为判定资源和服务合格与否的依据，而且还能够促使高校图书馆重视服务、改善服务、提高服务质量。高校图书馆采取规范统一的服务制度、服务技术和服务程序，合理使用图书馆人力、物力、财力资源，部分服务效率通过指标可以进行量化，使图书馆服务功能达到最佳，从而在既定投入的情况下提高工作效率，保证图书馆的服务达到最佳的秩序和质量。

第二节　图书馆标准化理论

一、图书馆标准的内涵

我国对图书馆标准的认识源于20世纪对图书馆工作规范化、现代化的认识，认为图书馆标准化是指对图书馆行业的发展、图书馆业务技术方法以及设备用品等实行统一的规范。它是图书馆行业现代化的前提。我国于1979年11月7日成立了全国文献工作标准化技术委员会，专门从事图书、情报和档案等方面的标准化工作，相继制定了有关标准。1990年，《中国百科大辞典》对图书馆标准化做出了正式的定义，图书馆标准化是指对图书馆业务技术方法以及设备用品等实行统一的原则或规范。其内容包括文献分类的标准化、文献著录标准化、名词术语标准化、情报检索语言标准化、机读目录款式与结构的标准化、缩微复制品的标准化等，是实现图书馆现代化的前提。研究者也认为图书馆的标准化管理体系一般由工作标准和管理标准两部分组成，其中最主要的是文献工作的标准化。文献工作标准化的范围是情报工作、图书管理业务和有关信息服务，同时还包括应用于文献工作的信息系统和互换网络系统的标准化，包含以下两类标准：其一是基础标准，包括文献工作名词术语标准、文献工作代号代码标准、文献工作缩写标准等；其二是用于图书资源检索和报道用的服务性标准，由检索刊物标准，出版物格式标准，代号代码类标准，缩微、摄影技术标准，机读形式文献目录，记录交换格式标准等组成。在加强高校图书馆标准体系方面，滕德斌认为图书馆员要做好文献、信息服务工作，不仅要熟悉本行业的国际、国家标准，还要熟悉图书馆内工作标准。其中馆内标准化工作的措施主要包括以下两点：一是开展图书馆的标准化管理工作的宣传教育，不断提高图书馆工作人员的标准化工作意识；二是不断建立、健全完善标准化管理各项规章制度和标准，而且要在工作中以这些规范和标准作为行动的准则，为读者提供优质服务。这一观点无疑是正确的，但其在这里将服务划归到文献工作标准化，认为服务标准属于文献工作标准，只是反映了20世纪图书馆活动的情况，即当时的图书馆活动以文献工作为主，服务性能还不突出。

由此可以看出，研究成果只能反映出在当时条件下人们对图书馆标准的认识集中在图书馆业务工作方面，都没有涉及图书馆服务的标准规范，在今天看来，已经难以反映图书馆标准的全部内涵。

根据前面内容对标准的概念界定，本书对图书馆标准做出如下定义：图书馆标准就是为了在图书馆工作的范围内获得最佳秩序，经协商一致制定并由公认机构批准，共同使用和重复使用的一种图书馆规范性文件。图书馆标准的内涵包括：一是获得图书馆活动的最佳秩序、促进图书馆和读者的最佳共同效益是制定标准的根本出发点和最终目标；二是图书馆标准是经公认的权威机构批准，在一定范围内规范图书馆活动；三是图书馆标准已经从业务领域延伸到图书馆全部活动中；四是图书馆标准所反映的不是局部的片面的经验，而是一定范围内普遍共同的经验和利益，既有可能是来自同一类型图书馆的普遍经验，也有可能是出自对一定地域范围或行政级别图书馆经验的总结；五是图书馆标准是对同一事件重复多次出现的性质进行规范，目的是总结以往的经验，选择最佳方案，作为今后图书馆实践的目标和依据，如图书的分类标准就是在一定范围内通用的反复出现的事物；六是制定图书馆标准要将理论研究成果、新的科学技术与实践经验相结合，经过分析、筛选、对比、综合而形成。图书馆标准是对图书馆工作的科学、技术和经验加以理解、提炼和综合概括而形成的。

二、图书馆标准的类型

从不同目的和角度可以对标准进行不同分类，常见的分类方式包括按标准的约束力大小、不同制定主体、不同形态等。

人们制定标准的目的强烈性不同，标准具有不同的约束力，强制性标准主要目的是保障人体健康和人身、财产安全，对这方面的要求必须由国家法律法规规定，强制执行。在我国，冠以 GB 标准代号的都是强制性标准。与强制性标准相对的是推荐性国家标准,其标准代号为 GB/T。推荐性标准不强制执行,而是自愿执行,但具有指导性。图书馆标准属于推荐标准。图书馆行业协会通常会积极提倡采用推荐标准,由各个图书馆自主决定是否采用该标准。高校图书馆采用图书馆工作推荐性标准的积极主动性主要来自用户对图书馆的需求,也来自图书馆发展的需要。此外,图书馆界的标准往往和评估结合在一起,在有国家标准或行业标准的情况下,图书馆通常都会采用标准,根据标准调整自身的建设。

制定标准的主体不同,标准覆盖的范围也就不同,按标准制定的主体,标准分为国际标准、区域标准、国家标准、行业标准、地方标准和企业标准。知晓度最高的国际标准为 ISO 标准,图书馆工作最常参考的国际标准也是 ISO 标准。国家标准是指由国家标准机构通过并公开发布的标准,国家标准机构按专业对标准划分具体种类,在我国,图书馆标准属于文化行业标准,标准代号 WH。覆盖范围最小的标准是企业标准,也是最随机灵活的标准,高校图书馆可以自行研究并制定自己的"企业级标准"。

除此之外,标准还可以划分为标准和标准文件。前者代表标准所要约定规范对象的内容实质,后者是根据标准内容按照特定的编写原则和体例格式所撰写的标准文件,便于人们阅读和使用。然而,最符合图书馆实际情况的标准分类是按照图书馆活动类型划分的。图书馆活动包括管理活动、业务活动、服务活动,图书馆服务标准对应地分为图书馆管理标准、图书馆技术标准以及图书馆服务标准。不过,从图书馆的实际情况及图书馆标准的研究现状来看,大部分标准都是针对业务活动的技术标准,如文献分类标准、文献著录标准等,对图书馆服务进行的规范屈指可数，不能不说是图书馆标准的一大遗漏。

在图书馆领域，较为早期的标准几乎集中在技术标准的文献工作标准化方面。文献工作标准是在第二次世界大战前后首先在欧洲兴起的，1947年国际标准化组织（ISO）成立，其中组建的第46技术委员会（ISO/T C46），即文献工作标准化专门委员会，使文献工作标准化理论研究有了专门的组织保障。1979年我国成立了图书馆工作相关的第一个国家标准化组织——全国文献工作标准化技术委员会（简称"文标会"，现改名为全国信息与文献标准化技术委员会）。文标会负责制定、修订、管理和推广有关文献工作方面的国际标准，各级各类图书馆广泛地采纳了文标会制定的文献工作相关标准。但文献工作标准化仅仅是图书馆标准化工作中的一部分，其目标是为图书馆服务提供基本的保障。此后，包括中国城市规划设计研究院编制的《公共图书馆建设用地指标》，以及2008年由文化部主编，住房城乡建设部、发改委批准发布的《公共图书馆建设标准》等标准都还是针对图书馆服务的基本条件而制定的。图书馆这一服务性质的机构，还没有制定专门规范其服务的标准。随着我国图书馆基础条件和服务设施体系的日趋完善，图书馆服务的标准化开始提上议程。2008年10月在国家标准化管理委员会、文化和旅游部领导下，我国成立了图书馆行业真正意义上的国家标准化组织——全国图书馆标准化技术委员会（简称"图标委"）。国家图书馆原馆长詹福瑞在图标委成立暨工作会议上提出，标准规范是衡量一个行业成熟程度的重要标志，图标委将全面开展图书馆管理、服务工作，图书馆古籍善本的收藏、定级、维修、保护，图书馆环境等领域标准化工作，提高我国图书馆行业的现代化、规范化程度。

对图书馆服务规范进行研究，标志着我国图书馆行业的标准化工作进入了一个新的发展阶段。

三、图书馆标准的生命周期

著名标准化专家桑德斯提出的标准化理论认为，标准化活动过程可以概括为制定—实施—修订—再实施标准。标准的生命周期是制定标准、实施标准、修订标准的循环过程。开展标准活动的起点和基础是制定标准，否则标准活动就缺乏规范的依据，无法开展标准活动；实施标准是实现标准作用，体现标准意义的活动，是整个标准活动的中间环节；在实施过程中，对标准的实施情况进行监督和反馈，收集标准实施的建议和意见，通过监督反馈结果客观评价标准的水平；根据实施反馈意见对标准进行修订完善是标准化活动的重要过程，促进标准体系不断完善，推动标准活动持续进行。因此，制定标准、实施标准、修订标准的过程不断往复，形成标准化活动发展的螺旋式模型，反映出标准不断改进、不断完善的生命进程。图书馆标准也具有同样的生命周期。

推动图书馆标准化进程的动力来自图书馆生存环境的不断变化、图书馆行业的不断发展以及图书馆用户需求的变化。

第三节 高校图书馆服务标准的理论框架

一、高校图书馆服务标准理论框架的架构

根据上述两节理论分析的结果，本书认为在服务标准理论、图书馆服务理论、图书馆标准化理论基础的共同支撑下，能够建立图书馆服务标准的理论框架。

服务标准理论、图书馆服务理论和图书馆标准化理论，它们的交集即为"图书馆服务标准理论"。这一框架表明图书馆服务标准理论是图书馆标准化理论的一个组成部分，与图书馆业务标准理论、管理标准理论共同组成图书馆标准化理论体系。与图书馆其他标准相比起来，图书馆服务标准的研究还比较欠缺，长期以来对图书馆标准的关注点主要集中在技术标准上，较少关注服务标准的研究和应用。根据图书馆服务标准理论框架，本书认为图书馆服务标准就是针对图书馆服务工作应该达到的要求而制定的标准。图书馆服务标准是以星级服务为目标，为用户提供高品质的规范化服务，实现服务效率最大化，服务管理最优化，服务效益最高化，服务达到五星级水平。图书馆服务标准体系就是为了获得图书馆服务的最佳秩序，由若干相互联系、相互作用、具有特定功能的标准共同组成的有机整体。图书馆服务标准活动的目的是在标准体系的指导下，运用标准原则和方法，制定图书馆服务标准及实施图书馆服务标准，实现服务质量目标，严格服务方法，规范服务过程，从而获得优质服务。这一理论框架成为支撑高校图书馆服务标准研究的基础。

二、高校图书馆服务标准理论的功能

标准是对实践经验的科学总结，标准的运用使重复出现的需求简单化。"获得最佳次序，取得最佳效益"集中概括了标准的作用和制定标准的目的，指出了图书馆工作者的努力方向，同时也成为评价图书馆服务标准的重要依据。图书馆服务的最佳次序是通过实施服务标准，使服务的有序化程度提高，发挥出图书馆服务的最好效应。通过上述对图书馆服务标准理论功能的阐述，可以总结出图书馆服务标准的功能具有如下特点。

首先，根据图书馆服务标准，图书馆采取标准统一的服务制度、规范的服务技术和服务程序，合理使用图书馆人力、物力、财力资源，可以排除随意性、人为干扰等因素。因此，图书馆服务标准是规范图书馆服务的重要途径。

其次，根据图书馆服务标准，图书馆能以相同的服务流程、服务手段提供同等水准的服务，满足读者的要求，使读者享用同样的服务。因此，图书馆服务标准是保护图书馆用户权益的重要保障。

再次，图书馆服务标准是图书馆组织资源和服务的根据，通过服务标准的应用，能最大限度减少和消除图书馆服务工作的无序状态和重复现象，提高服务效率，提升服务质量。可见，图书馆服务标准是提高图书馆服务质量的重要措施。

最后，图书馆服务标准是统一规范要求，有助于服务信息的传播、交流和共享，能促进新的服务、流程之间的相互操作和推广应用。因此，图书馆服务标准是实现图书馆服务现代化的重要手段。

正是因为图书馆服务标准具有这些功能，所以研究和实施图书馆服务标准是非常必要的。

三、高校图书馆服务标准理论的原理

任何标准的形成都是在实践过程中对实践活动逐渐摸索和探讨而形成的，标准形成后，又应用于实践，并不断地进行修正。标准活动的整个过程就是理论结合实践，二者不断协调并相互促进的过程。依据标准规范，图书馆开展服务的过程，就是不断完善服务标准，不断提升服务实践的双向协同过程。研究者对标准活动的基本规律做出了探索和研究，形成了有影响力的成果，例如英国标准化专家桑德斯提出的七项原理、日本政法大学教授松浦四郎提出的十九条原理、我国李春田教授提出的四项原理等。在这些原理的基础上，结合图书馆服务的特点，笔者认为图书馆服务标准有其自身规律性，图书馆服务标准的原理主要包括以下四个部分。

（一）用户中心原理

研究、制定及应用服务标准的最终目标是满足用户期望。在服务业领域，把依据顾客要求制定服务标准的原则称为顾客导向的服务标准或顾客界定的服务标准。若服务标准的制定是从图书馆的利益出发，首先满足的是图书馆自身要求，只有当图书馆要求与用户要求完全一致，即图书馆导向的服务标准符合用户要求时，用户才认为此服务是高质量的服务。但现实情况中，图书馆利益目标与用户要求完全一致的情况是极少的。因此，若从图书馆角度制定服务标准，不一定能满足用户的要求。只有以用户为中心，从用户角度考察图书馆服务，从用户期望或要求出发研究并制定服务标准，才能更好地满足用户的期望。

（二）标准化与个性化兼容并存原理

标准化和个性化看似是矛盾的两个问题，但却不可分割，在实践中，僵化的标准化导致服务缺乏灵活应变，完全的个性化也可能导致服务混乱。图书馆服务的标准化有助于为用户共同期望提供等同服务，提升服务效率，保证服务质量；图书馆服务的个性化有助于更好地满足用户信息需求，提高服务质量。标准统一的规范要求，可以避免馆员随意凭借自身的喜好、心情、关系等提供服务；个性化的主导，有助于馆员发挥主观能动性，及时发现用户个性需求，与用户积极交流沟通，有效地帮助用户解决问题。因此，服务的标准化和个性化都是紧紧围绕"用户为中心"的理念，图书馆服务标准应该是以用户为中心，满足用户一切需求的（包括个性需求）的标准。这意味着服务标准对图书馆员将提出更高的要求，这种要求来自在掌握规范化服务技能的基础上，拥有更丰富的经验和技术、更好的交流沟通能力以及更多的情感投入。因此，标准化和个性化在面向满足用户需求的基础上，获得了高度统一，是兼容并存的。要避免简单而片面地理解标准化和个性化，将它们有机融合，制定和实施满足用户一切需求的服务标准，并在实践中不断完善。

（三）系统协调原理

服务标准所指并非一个或某个标准要求，而是指整个服务标准系统。服务标准效应的衡量也不是从单个标准的效应得到，而是从相互协同的整个服务标准体系的效应而来。系统协调原理的思想是贯穿于图书馆标准活动开展全过程的。根据系统协调原理，图书馆工作人员应树立系统意识、全局观念，从服务标准目标的确定、服务标准体系规划、服务标准工作计划、服务标准实施的方案选择，到服务标准实施过程中依据实施情况进行的协调、控制等都必须运用这一原理。根据系统协调的原理，图书馆服务标准体系的内容组成只有彼此兼顾、形成优化的系统结构，才能在实践应用中产生良好效果。根据系统协调的原理，图书馆开展服务标准活动并不仅仅是一项图书馆内部活动，而是一项社会活动，要取得图书馆内、外因素的相互协作，共同推动服务标准活动的实现。

（四）有序发展原理

标准效应的发挥要求标准具有一定的稳定性，但这并不表示标准就是固定不变的。标准系统的稳定是相对的、非永久的，是在一定时间范围和空间范围内发挥其效应的。标准系统不发展就会被时代发展和社会所淘汰。对图书馆服务标准系统，要持续进行监控，不断总结其实施情况，判断标准是否与环境相一致、相适应。及时淘汰其中落后的、低功能的、无用的要素，及时补充新的符合社会发展、用户需求和图书馆服务要求的标准要素，才能不断使系统从较低的有序状态向较高的有序状态发展，不断保持标准应有的功能。有序发展原理为图书馆服务标准发展、进化机制提供了理论依据。在图书馆服务标准活动过程中，既要积极促进现有服务标准的应用，发挥其应有的作用，又要对当前服务标准进行控制和调整，使其与环境发展协调一致，实现标准的可持续发展，保持标准的先进性。

这些原理能够指引包括高校图书馆在内的每种类型图书馆理性地考虑其

图书馆服务的规范化需求，科学地制定服务标准，有序地执行服务标准以及不断修订和完善服务标准。

第二章 高校图书馆读者服务创新管理

本章内容中"管理创新"是指如何创新组织建设、人力资源管理、管理流程与业务流程等宏观层面的管理模式、方法、理念以及管理创新经验,解释的是"是什么"的问题;"创新管理"则更多是借鉴企业管理方法,强调"如何做"。鉴于本书章节安排,本章着重分析、阐释图书馆创新管理的理念、操作以及具体案例。

第一节 图书馆读者服务创新管理概述

20世纪90年代"管理创新"一词被引入图书馆学研究范畴,图书馆实践界和理论界开始从不同视角、不同层面和不同领域探讨图书馆如何在不断变化的环境中进行管理创新,以满足自身的发展需求和用户对知识信息的需求。现代图书馆管理的本质在于创新,管理创新是图书馆用新思想、新技术、新方法对管理系统或者组织、技术、文化某一方面的方略组合进行重新设计、选择、实施与评价,以促进图书馆管理系统综合效能不断提高的过程。图书馆管理创新是多层面、全方位、全过程、全员性的,包括管理观念创新、管理模式创新、管理体制创新、管理机制创新、管理方法创新、管理流程创新等。

一、图书馆创新管理的背景

经济全球化背景下的发展环境使得"创新能力"不仅被企业当作重要的竞争力,近年来也受到非营利组织、政府机构的高度重视,各种企业形式以外的组织开始积极培养员工的创新能力、建立鼓励创新提案机制并举办创新竞赛,借此不断创新服务,提高服务和产品品质,进而提升组织的竞争力。例如,加拿大安大略省政府设置"公共图书馆服务奖",奖励创新的公共图书馆服务概念。

不论在工业社会或信息社会,图书馆的任务都在于收集、整理、保存及提供图书资料,只是这些活动在不同时期表现不同。在知识爆炸的时代,由于网络的便捷和用户获取信息路径的多元化,图书馆不再是用户获取信息知识的唯一来源,图书馆面临着各种营利性信息服务机构及网络的挑战。如何在传递信息、提供信息附加值服务上不断创新,以维持用户忠诚度、吸引新用户,使图书馆在网络时代成功转型,使其存在价值因创新服务而提升,是图书馆界的重大课题。单从国内来看,近十年已发表1500余篇有关图书馆管理的学术论文,出版了10余部相关著作。这些著作从不同方面论述了图书馆管理的相关问题,并且在管理理论、宏观管理、管理模式与方法三个方面出现了不同程度的理论和实践创新。在一些作者继续探讨目标管理理论、激励管理理论、科学管理理论如何应用于图书馆管理实践的同时,也有一些作者提出了一些新的图书馆管理理论,如图书馆知识管理理论、图书馆全面质量管理理论、图书馆人本管理理论、图书馆集成管理理论、图书馆学习型组织理论、图书馆"双因素"管理理论、图书馆战略管理理论和图书馆项目管理理论。在图书馆宏观管理方面，研究者着重从图书馆立法和图书馆管理体制上入手进行理论创新。在图书馆管理模式和方法上，则以信息资源的合理开发利用为基础，实行以人为本的管理模式，并在此基础上进行了组织结构创新、制度创新和方法创新。

无论是图书馆的生存环境，还是其理论研究氛围，都已经将"创新"二字列为图书馆发展的必然选择。图书馆在实施创新服务的同时，必须以创新管理作为其顺利推进工作的保障和基础。没有管理上的创新，就不会有真正的服务和产品创新。

二、图书馆创新管理的含义

创新管理是指组织管理者借助创意环境的建立和成员参与的对话，引发组织成员进行知识创新、技术更新、产品转化的过程，并针对未来组织可能面临的问题，激发组织成员愿意突破现状和接受挑战的能力，并通过一套合适而新颖的文化框架，以新思维和新方法追求组织持续发展。依据此定义，创新管理具有五个特性：①应以创新环境的设置为先；②是一种集体参与对话的结果；③是一种突破现状和挑战现状的管理过程；④组织创新文化的形成有赖于创新管理的产生；⑤创新管理的目的是组织的持续发展。黄哲彬、洪湘婷则认为创新管理是指组织领导者除了有创新的理念，更应该积极构建创新环境，诸如成员共同参与决策、构建无障碍沟通对话情境、增加激发成员创新潜能的机会等，进而塑造创新的组织文化，才能够提升组织整体竞争优势，以确保组织立于不败之地。

对于图书馆而言，创新管理有两层含义：其一，图书馆创新管理是对其宏观管理模式的创新，包括实行知识管理、业务流程管理、人力资源管理、危机管理等新的管理理念和方法，因此该层面上的创新管理和管理创新没有太大区别；其二，图书馆创新管理要从微观层面上，用创新的理念和方法实施具体的管理活动，也就是每一项管理活动都要有创意，都是在创新的环境下展开，图书馆的领导者和馆员都在积极参与，即微观层面上的如何创新。因此，在理解图书馆创新管理时，不应简单地将其归纳为宏观层面上采用新的管理理念和方法，而应将其扩大至具体的管理活动操作。

三、图书馆创新管理的实施

图书馆创新管理的实施需要注意以下原则。

一是勇于突破原则。组织内部从上至下都应摒除保守、被动的心态，勇于尝试创新的服务方式或改变传统的作业模式，以求业务的改善。而且，上级主管领导应鼓励员工提出创新构想，即使推行的成果不佳，也没关系。

二是全面参与原则。除了获得上级主管的支持外，还需要组织内部各部门及所有员工的配合，才能推动成功的创新服务。

三是沟通协调原则。创新案提出后，可能需要组织的经费和人力的支持，也有可能要在作业程序上做某种程度的调整，这些都需要通过各部门、上级主管及全体馆员之间良好的沟通，才有助于创新方案的实施。

四是激励支持的原则。图书馆主管对馆员的激励与支持，是其创新构想提出的重要助力。创新构想提出后，主管也应该给予人力、物力及经费的支持，协助进行部门之间的沟通，以使创新构想得以落实。

五是组织学习的原则。创新方案的推进是一种组织学习的过程，在推进过程中，无论是研究创新服务的方式、设计服务的机制，或是进行可行性评估、市场调查、效益评估等，都可让参与的同事获得宝贵的经验。

六是经济效益法则。创新活动的推行必须考虑成本效益，不仅是商业机构，图书馆也需要考虑组织投入的人力、物力和财力有多少，有多少用户能接受、欢迎和利用创新的措施。以图书馆而言，推出创新措施后，受惠的用户有多少，投入的资源是否成比例，都是必须考虑的问题。

第二节　图书馆读者服务管理理念的发展

伴随人类文化发展，在管理对象、目标、内容、方式等问题上，图书馆的管理观念也不断深化发展，迄今为止大约经历了四个阶段。

一、文献管理

自然经济时代是知识短缺时代，与之相适应，古代藏书楼的功能属性是"保存文化遗产"。当然，"保存文化遗产"的终极目的还是利用，但是，其文献收藏和管理有两个基本特点。第一，出发点和主要目的不是文献利用，而是文献保存，亦即"为藏而藏"。第二，即使文献利用，也主要是为了藏书者自身的利用；对于其他人的利用，则有诸多限制甚至根本拒绝。因此，其管理活动是文献管理，主要是文献搜寻、组织整理和保存管理。有学者提出，中国古代"书院"是最早实践"藏书为用"原则的,理应是近现代图书馆的先驱。可惜,世界图书馆学界至今不予认同,中国图书馆学界又大多将它划归古代"私学",而排斥于"古代图书馆"之外。

二、读者管理(或读者服务)

工业经济时代,社会对科学技术的需求迅速膨胀,近代图书馆应运而生。与古代藏书楼相比,其管理目标最主要的特征是"书是为了用的";其管理内容和方式,也从单一的文献管理转向了文献管理与读者管理相统一,并以读者开发利用馆藏资源的管理为中心,通过提高读者需求满足率来提高馆藏利用率,以实现近代图书馆的"基本原则"——"以最少的花费为最多的读者提供最好的图书"(杜威)。当然,此时的读者管理或读者服务还欠发达,只能满足读者对一整本书或期刊的需求,属于文献服务阶段。

三、信息管理(或知识管理)

当下社会分工和学科分类日益精确化,读者需求日益专业化,图书馆的服务也随之突破了文献的物质层面,涉及知识结构层次。再者,文献的多媒体化趋势日益强劲,信息或知识组织管理和检索利用的科技含量迅速膨胀,读者对图书馆技术支持的需求也日益强烈。图书馆的信息或知识管理属性和功能逐步凸显出来,开辟了参考咨询、用户培训等图书馆服务新领域。同时,古代藏书楼"以书为本"的价值观念也复活繁衍起来,以"见物不见人"的"唯技术论"排斥"以人为本"。对此,美国著名图书馆学家兰开斯特批评道:"图书馆变得越来越专业……越来越非人性化了。""还有多少与人类关心之事相关？有多少与职业宗旨相关？有多少与服务理想相关呢？"

四、人本管理

"以人为本"的知识经济日益临近，人本主义管理理论日益渗透到图书馆活动中。所谓"人"的管理，逐步突破了科学管理的"刚性原则"，强调人性化和"柔性原则"，提倡现代图书馆管理的思路应该是"人—书—人"，即以人（读者）为出发点和归宿，尊重读者、方便读者和研究读者。将以人为本的思想充分融会贯通于读者服务工作的每一个细节，真正做到以读者为中心，令读者满意。在馆员管理中，也同样强调调动和发挥人的主体性、主动性和创造性；在注重发挥利用馆员既有智慧能力的同时，也越来越重视通过继续教育，不断提升馆员的精神境界和专业能力。以人为本无疑是图书馆管理现代化的一个重要标志。但是，一些新的问题也随之产生：图书馆管理现代化到头了吗？还有没有管理创新的空间？改革的方向和创新点又在哪里？

第三节 图书馆读者服务宏观创新管理

图书馆宏观创新管理是指图书馆管理理念和模式的创新，具体表现为图书馆在某一业务领域采用新的管理模式来应对图书馆管理中遇到的问题。本节重点阐述近几年来图书馆管理中开始重视并实施的危机管理、分布式管理和营销管理。

一、图书馆危机管理

(一)图书馆危机的概念及特点

目前国内外学者对"图书馆危机"缺乏直接定义,已有的定义大多是借鉴其他学科的危机概念。本书采用刘兹恒的观点:"图书馆危机是对图书馆系统造成严重威胁或破坏、需要图书馆人立即反应的高度震荡状态。"在这个定义里,图书馆危机的反应主体被确定为图书馆人,而不是单纯的图书馆决策者。这是基于两点考虑:第一,图书馆危机需要决策者和执行者即所有图书馆人共同应对;第二,在形势十分危急、图书馆决策者不在场时,普通馆员必须立即承担部分决策的任务。这两方面反映了图书馆危机管理组织化、制度化、变通化的必要性。图书馆危机具有危机的一般特征,即高度威胁性或严重破坏性、突发性和紧迫性、不确定性、牵连性、聚焦性。因此,图书馆危机的特殊性包括以下内容。

1. 隐蔽性。图书馆相对弱化的竞争环境、受政府保障的生存方式和历史积累的社会体制弊病的渗透等因素,都使图书馆对危机的爆发和威胁缺乏敏感性,即便在处理危机时,也缺乏相应的紧迫感,这往往使图书馆危机在人为的"忽视"中被"隐藏"。

2. 长期性。图书馆的许多危机因子是历史长期积累的结果,如人才危机、形象危机等;部分危机之后的恢复时间较长,如火灾、水灾、地震后的恢复;危机的根本解决需要很长时间,如经费危机的解决需要国家经济发展、图书馆立法保障、民众的需求拉动等;危机影响时间较长,比如资源危机造成的某些重要文献缺失、损毁，将给图书馆带来长久的不利影响。

3. 复合性。随着系统复杂性增加，利益相关性增强，危机波及半径扩大，图书馆危机越来越呈现多种危机复合的特点，表现为一个事件引发多重危机。例如近年来图书馆因文献采访问题引出的资源危机、服务危机、舆情危机、信任危机等，就有明显的复合特征。

4. 难恢复性。文献信息资源是图书馆区别于其他机构的特色资源，也是图书馆核心能力的基础。一般来讲，文献信息资源包括纸质文献、缩微文献、电子文献、网络文献等，面对战争、地震、洪水、火灾、计算机病毒、黑客攻击等危机时，它们都十分脆弱。如果文献信息资源在危机中损毁，则是很难恢复的。

（二）图书馆危机管理的定义及相关概念辨析

刘兹恒提出，图书馆危机管理是对图书馆运行中出现的危机因子和危机事件从发生到消亡全程全面监控处理的管理理论与管理实践。该定义表明，图书馆危机管理是对图书馆危机事前、事中、事后进行全面全程监控处理的连续链条，是一个系统工程，它不等同于单一的危机处理，也不等同于危机公关。真正的图书馆危机管理不仅应体现在危机事件出现时，更要体现在危机还没有爆发时。它包括危机管理的组织、制度、流程、策略、计划、决策等，涉及培养危机意识、组建职能部门、侦测并处理危机因子、建立危机预案和预警系统、处理危机事件、危机恢复、事后总结经验并学习改进等诸多方面。与图书馆危机管理相关的概念主要有灾害管理、风险管理、突发事件管理和问题管理。

灾害管理、突发事件管理与图书馆危机管理是交集关系，这一点已达成共识。争议集中在危机管理与风险管理、问题管理的关系上。一些学者认为，风险管理与危机管理是交集关系，风险管理可以作为危机管理的组成部分，用于危机管理的危机因子侦测、危机风险评估、危机预警系统建设等。

到目前为止，不少论著提出"由危机管理向问题管理转向、过渡"的观点。要解释这种现象，就要弄清危机管理与问题管理的关系。持上述观点的部分学者认为："危机只不过是问题积累后的突然爆发。""危机管理的重点是危机公关，有许多场合危机管理基本上等同于危机公关。""危机管理治标难治本。"问题管理能够未雨绸缪，防微杜渐，防患于未然；而危机管理是滞后被动管理，不如问题管理那样具有前瞻性、主动性。显然，此观点将危机管理转化为危机处理，忽略了危机管理中的危机因子发现、处理、预防及危机后的恢复、评估、改进。其实，危机管理与问题管理有诸多相似之处。从管理思想来看，危机管理重视预防的理念与问题管理"以挖掘问题、表达问题、归结问题、处理问题为核心"的思路异曲同工。从管理目的来看，都有防微杜渐、将问题与危机消灭于萌芽状态、尽力规避不利风险的目的。从管理流程来看，都有侦测、发现、处理、评价、反馈、改进等步骤。但也应看到，问题管理只是有助于减少危机，它不能杜绝危机。一旦危机爆发，问题管理可能失效，那么此时的危机处理及稍后的危机恢复是问题管理无法替代的。这些共通性和差异性说明二者不是替代关系，它们有交叉但各有侧重，可以互相借鉴。

参考众多文献，我们发现这五大管理其实有诸多共同的研究趋势：注重全球化和现代化背景，由重"治"到重"防"，强调参与主体的多元化和合作意识，重视多维因素对管理决策的影响（如社会认知、文化心理、价值观等），跨学科、跨领域研究趋势明显。显然，每种管理思想都在进步，它们互相影响，各有其适用性和合理性。所以现在的问题不是它们的优劣高下之争，而是如何打通这些管理，对其进行整合，创造出适合图书馆发展的科学管理体系。

（三）图书馆危机管理的内容

国外学者对危机管理过程的认识较为成熟，这方面的成果有助于我们把握图书馆危机管理的内容。比如，奥古斯丁的六阶段模型：第一阶段——危机的避免，第二阶段——危机管理的准备，第三阶段——危机的确认，第四阶段——危机的控制，第五阶段——危机的解决，第六阶段——从危机中获利。罗伯特·希斯的 4R 模型：缩减阶段（Reduction）、预备阶段（Readiness）、反应阶段（Response）、恢复阶段（Recovery）。

米特罗夫和皮尔森的五阶段模型：信号侦测阶段、准备及预防阶段、损失控制阶段、恢复阶段、学习阶段。另外 2003 年复旦大学出版社出版的鲍勇剑、陈百助合著的《危机管理——当最坏的情况发生时》一书中提出的 5P 危机管理步骤也颇有见地，即端正态度（Perception）、防范发生（Prevention）、时刻准备（Preparation）、积极参与（Participation）、危中找机（Progression）。

（四）图书馆危机管理的基础工作

图书馆危机管理的基础工作是指贯穿危机管理全过程的管理工作，它包括沟通管理、媒体管理、记录管理三方面。沟通管理有助于及早发现问题，树立良好的组织形象，有助于提升危机管理的效果。它包括内部沟通和外部沟通，其管理内容主要有沟通的对象、目标、原则、计划、方法等。各图书馆应在实践中探索适合自己的沟通模式和方法，防止忽视沟通、沟通不力、沟通失误、沟通致危等情形的出现。媒体管理的主要内容包括：组建职能机构或指定负责人，确定媒体管理的目标和原则，挑选培训新闻发言人，搜集分析媒体相关报道，及时处理媒体所反映的问题，与媒体保持密切联系，利用媒体发布信息、重塑形象，引导不利舆论向利己方向发展，利用媒体向政府表达图书馆的合理诉求等。记录管理可以保存大量的数据、事实、资料、文件等，它可作为危机因子分析和危机决策的依据、事后的奖惩凭据、必要时的法律证据，它也有利于客观评估危机管理。记录管理需要对调查记录、评估记录、计划记录、培训记录、危机事件记录等分类、存档、入库，及时将结果反馈给危机管理的相关系统。

二、图书馆日常危机管理

图书馆日常危机管理是指在图书馆日常工作中对潜在的危机因子进行管理，以预防危机的发生，并建立危机反应和恢复预案，以减少危机事件给图书馆造成的损失，提高图书馆的危机恢复能力。图书馆日常危机管理的内容包括：指定负责人员、调查评估危机因子、建立危机反应和恢复预案、开展培训演练、建立危机预警系统、进行危机预控。

指定负责人员。由于图书馆发生危机的频率不像企业那么高，因此国内图书馆几乎都没有设立单独的危机管理职能部门。这不能片面地说图书馆没有危机管理意识,其实从经济性上讲,图书馆单独设立危机管理部门成本太高,容易造成人力资源浪费。我们认为,可由图书馆的一位高层领导来负责危机管理,由他从各部门灵活抽调危机管理人员完成日常危机管理工作。而一旦危机事件爆发,也是由他召集各部门相关人员,组建危机管理小组,负责危机处理和善后。这样既推进了危机管理进程,又对危机管理成员的日常工作无太大影响。

调查评估危机因子。主要是调查图书馆有哪些潜在危机因子,评估这些危机因子转化为危机事件的频率、概率、影响群体、影响大小等。调查评估危机因子可以使用历史发生法和行业对比法。历史发生法即本馆曾经发生过哪些危机,影响怎样,是什么危机因子导致的;行业对比法即图书馆行业及相近行业曾发生过哪些危机,影响怎样,危机因子是什么。也可以使用定性方法和定量方法,如头脑风暴法、德尔菲法、危机晴雨表法、现场考察法、数学方法、统计方法、计算机方法等。准确客观地调查评估危机因子是做好危机反应和恢复预案的基础。

建立危机反应和恢复预案。所谓预案,有时也称为应急预案,是针对可能的重大事故(件)或灾害,为保证迅速、有序、有效地开展应急与救援行动,降低事故损失而预先制订的有关计划或方案。在制订预案前,应对可能爆发的危机进行分类(可参照前面的危机分类方法)、分级(如突出级、关键级、难以解决级等),然后根据危机特点设立不同的预案。图书馆反应预案必须明确在危机发生之前和发生之中,谁负责做什么,何时做,怎么做以及相应的策略和资源准备等。编制格式和方法可以参考国务院2006年发布的《国家突发公共事件总体应急预案》。而在恢复预案的编制中，则要确定危机恢复对象并进行重要性排序，明确危机恢复目标、资源分配、人员配置、经费预算、奖惩标准等，注重危机恢复中的协调沟通。这里应注意：危机管理预案要富有弹性，对备选方案要排定优先次序，几种危机并发时要优先解决关键危机，将危机预案印成文件或手册发给相关人员并进行有针对性的培训。

开展培训演练。图书馆危机培训的对象既有图书馆高层领导，又有普通馆员、读者。通过培训演练，可以增强人们应对危机的能力，发现危机预案中的不足。培训方法包括：在职培训法、工作指导培训法、授课法、案例法、角色扮演法、行为模拟法、电教培训、演习等。

建立危机预警系统。危机预警系统是指组织为了能尽可能早地发现危机的来临，建立一套能感应危机来临的信号，并判断这些信号与危机之间关系的系统，通过对危机风险源、危机征兆进行不断的监测，从而在各种信号显示危机来临时及时地向组织或个人发出警报，提醒组织或个人对危机采取行动。危机预警系统由危机监测子系统、危机评估子系统、危机预报子系统构成。图书馆可根据自身特点选择建立电子预警系统、指标预警系统、联合预警系统等。

进行危机预控。如果预警系统发出了预警信号，就应立即进行危机预控。危机预控的目的是在危机发生前或将要发生时对危机进行处理，及时排除全部或部分危机因子。如果不能阻止危机的发生，那么采取措施减少危机爆发造成的损失。危机预控的策略主要有：排除策略、缓解策略、转移策略及防备策略等。

三、图书馆危机事件管理

图书馆危机事件管理是指图书馆危机事件发生时对危机所进行的管理，它包括组建危机处理小组、调查评估并确认危机、启动（调整）危机反应预案或重新制订危机处理方案并实施、危机发展态势跟踪监控处理。

组建危机处理小组。由负责危机管理的高层领导根据实际情况，从所需部门调配相关人员组成危机处理小组，明确各自职责、任务，特别要确保危机中信息沟通的顺畅。

调查评估并确认危机。由危机处理小组的成员对危机事件进行初步调查，运用现场勘查法、询问法、文献调查法弄清危机事件的经过、原因等，评估危机已经造成或将会造成的破坏、损失，确认危机的类型及涉及的范围。

启动（调整）危机反应预案或重新制订危机处理方案并实施。如果危机类型是预案中已有的，那么启动或调整预案；如果危机并不在预案范围内，那么紧急制订危机处理方案，然后有条不紊地实施。要处理好与内外部公众、媒体、公安、消防、气象、地震、防汛、文教等部门、兄弟图书馆、文化遗产保护组织、国际防灾减灾组织等的关系，以加强图书馆的反应能力。

危机发展态势跟踪监控处理。有些危机具有持续性特点，它会随时间、事件、介入主体的变化而不断蔓延，所以需要对危机发展态势跟踪监控处理。

四、图书馆危机后续管理

图书馆危机后续管理是指危机处于持续阶段或快结束或已经结束时所进

行的管理，它包括组建危机恢复小组、调整或重新制订危机恢复计划、危机管理评价、危机案例和危机管理评价的存档和运用。

组建危机恢复小组。危机恢复是在危机持续阶段或危机将结束或结束后开始的，它所需要的人员、所涉及的机构可能与危机处理不一样，这就需要组建专门的危机恢复小组。危机恢复小组具有临时决策机构的性质，在危机恢复变为各部门的日常工作后就可解散。

调整或重新制订危机恢复计划。由于危机造成的具体破坏往往与危机恢复计划有出入，所以一般需要调整危机恢复计划。如果发生的图书馆危机未在预先制订的恢复计划之列，那就要根据具体情况，重新制订危机恢复计划。

危机管理评价。危机管理评价内容包括对危机管理基础工作、日常危机管理、危机事件管理、危机后续管理全方位的评价。评价要做到信息准确、实事求是、客观公正、全面系统。各图书馆应根据自己的实际选择评价方法，如定性评估法、定量评估法，完善评价指标体系。危机管理评价是图书馆对自身存在问题及危机管理漏洞进行反思的重要阶段，它可以促进图书馆进行深层次变革，确保图书馆的可持续发展。

危机案例和危机管理评价的存档和运用。利用危机管理中的记录管理成果，梳理总结危机案例，使之形成文字，然后与危机管理评价一起存档或入数据库。这些资料不仅可以为日后的危机管理提供参考，也可作为危机管理培训的素材。图书馆还可将这些危机管理案例和评价与兄弟图书馆分享，以提高共同应对危机的能力。

五、图书馆分布式管理

图书馆分布式管理是根据开放系统的相似性原则,将计算机分布式管理系统中所蕴含的管理思想和管理理念运用于图书馆的管理实践之中,构建全新的分布式图书馆管理体系。图书馆分布式管理系统分成两个子系统,即资源分布式管理系统和职能分布式管理系统。

在资源分布式管理系统中,一方面,图书馆通过租用、聘用、合作、共享以及争取社会援助等多种方式,实现人员、技术、设备、资金、文献信息等社会资源向图书馆的"分散—集中"过程;另一方面,图书馆通过出租、出借、转让、协作以及共享等多种方式,实现人员、技术、设备、资金、文献信息等馆内资源向社会的"集中—分散"过程。图书馆对馆内资源实行直接管理,对社会资源以契约方式进行间接管理。通过两种管理方式的有机结合,实现对一切可用资源的有效管理。

在职能分布式管理系统中,图书馆通过项目合作、有偿服务等方式,承接更多的社会工作,不断拓展职能范围,实现信息服务、文化教育等职能由社会向图书馆的"分散—集中"过程。图书馆通过业务外包、项目合作、后勤社会化等方式将原有的部分职能交由相应的社会机构去完成,实现部分职能和辅助职能由图书馆向社会的"集中—分散"过程。图书馆对馆内工作实行直接管理,对社会机构承担的职能以契约方式进行间接管理,通过两者的有机结合,在社会范围内实现图书馆职能的重组和优化控制。图书馆与外部环境之间的"分散—集中""集中—分散"是一个双向的交流过程,而分布式管理的关键就在于对这一交流过程的集中统一控制。职能分布式管理和资源分布式管理相互融合、互为推动。一方面，资源管理以图书馆职能实现为目标；另一方面，职能的分布式管理也必然会带动资源分布式管理的发展。

图书馆分布式管理具有开放性、专业性、共享化、市场化和网络化的特点。

六、图书馆营销管理

营销管理产生于市场经济领域，但随着营销管理理论与实践的发展，营销管理正在从市场营销向社会营销发展，营销管理已不再局限于企业的活动领域，正在向非营利性事业组织活动领域拓展。近年来，部分西方国家的非营利性事业组织，如学校、医院、教会等机构成功运用了营销管理的方法与手段，取得了很好的效果。

图书馆营销管理就是图书馆以读者为出发点，运用一定的方法刺激读者需求，推广图书馆服务，强化图书馆与读者的合作，促进图书馆文献和服务的利用，提高图书馆的社会地位和影响，从而获得图书馆社会效益的最大化。

在国外，图书馆营销管理已经开始应用并取得了很好的效果。美国北卡罗来纳州的夏洛特·麦克伦堡郡公共图书馆推出一项营销规划，任命专人负责营销工作，经过营销策划，图书馆使用率提高了80%。大英图书馆为加强营销业务，在战略营销与通信中心下设立企业与公共营销部、商业营销部、教育系统营销部以及营销服务部等部门，并聘请营销专家分别负责营销工作，走出了一条以人为本、适应变化的现代化图书馆管理新路，在图书馆界树起了一面旗帜。

第四节　图书馆读者服务微观创新管理

图书馆是一个不断成长的有机体，面对社会的快速发展，民众需求愈来愈多，如何创造图书馆在现今社会存在的价值，如何持续用户满意度，实际上依赖于图书馆人改变传统的观念及做法，不断推陈出新，图书馆应该因应社会环境变迁及用户的需求，运用新科技新媒体，提供创新服务，提供快速、便捷、丰富的资源，使图书馆的存在价值受到肯定，并维持进步、专业的形象。

图书馆微观创新管理正是针对图书馆这一发展需求的管理理念，是图书馆在具体工作内容、工作方法上采取创意的手段，创造馆员积极参与的氛围，提升图书馆服务创新的能力以及馆员的服务水平的一种途径。它是图书馆宏观创新管理有效实施的基础和具体表现。

图书馆微观创新管理的条件主要包括下面几点。

一、图书馆领导人的创新观念

图书馆领导人需要具有创新的观念和意识，敏锐的眼光，高瞻远瞩的决策能力和善于组织人、财、物的组织能力；此外，要提出具有前瞻性的愿景，并不断地向员工强调图书馆的核心价值，沟通创新服务对于图书馆赢得用户满意度及永续生存的重要性，让员工摒弃保守被动的心态，愿意在服务和作业上思考有无改善或创新的机会，并不断提出创新构想。图书馆的发展不仅需要规章制度，还需要一套图书馆专有的组织来规范图书馆的各项运作，使图书馆的所有活动、价值取向、行为方式等高度整合，把图书馆中所有员工凝聚成一个高度统一的整体，从而围绕一个既定目标不断前进。

二、图书馆鼓励创新机制

图书馆应制定激励创新的措施，并建立完善的推动和管理机制。员工的创新构想有可能成功，也有可能失败，失败的创新构想是一个很好的学习经验，成功的创新产品或服务也需要良好的管理机制以及持续的效益评估，不断精进，才能得到用户永久的支持。

三、图书馆培养员工创新能力

员工的创新潜能可以借助后天培养及各种刺激予以激发。如台北市公务人员训练中心"创意激发""创造全方位工作价值""心智圆法"及台北 E 大网络课程"经营创新与品质服务"及台北市图书馆"创意行销""专业创新行动研究""创意阅读教学研讨会"都是相关的课程设计。另外，参访标杆企业及图书馆也是极佳的方式。

四、图书馆鼓励馆员创新的组织文化

图书馆的产品是图书馆为读者提供的服务及所蕴含的知识，其服务的经济价值和社会价值体现在读者运用这些知识的程度。因此，图书馆文化创新的立足点是图书馆管理创新、服务创新，通过管理创新、服务创新，使图书馆的组织机构向扁平化、网络化发展，积极地、能动地培养和提高馆员的业务能力和读者的信息素养，通过高素质的馆员向社会提供高水准的信息服务，并通过读者对信息的利用，提高图书馆信息服务的经济价值和社会价值。图书馆除了建立创新机制、安排教育训练外，主管应鼓励及支持员工成立工作坊兴趣小组，经常探讨业务缺失的改善，或通过头脑风暴规划设计创新服务。当然，馆方应给予适当的时间安排和相关的资源支持，并对有成效的措施给予奖励。

五、树立图书馆新形象

随着信息社会的日益发展，越来越多的商业机构参与到信息服务行业中，图书馆想要保持自己的优势，一是要靠自己的专业特色、人员优势，高效、快速、准确地为用户提供服务；二是要不断创新，更新技术和服务，树立新形象，创造出与其他商务性信息服务不同的知识，才能创造出知识含量附加值更高的产品和服务，保持自己的优势和个性差异，以免在激烈的竞争中被淘汰。

六、创新产品和服务的持续追踪与评估

创新产品或服务在正式实施到稳定成长之间，仍可能出现规划和建制阶段未注意到的问题，所以应持续关注运转形势，检讨缺失及考核绩效，以进一步改善，使其运作更理想。

第三章 新形势下图书馆读者服务工作

第一节 图书馆读者服务工作影响因素及对策

图书馆可以说是社会信息服务的中心之一，随着计算机技术、通信技术、网络技术、数字信息技术以及相关技术的发展，图书馆事业正向着电子化、数字化、虚拟化的方向迈进。相应地，对读者的服务工作也需要与时俱进。改变和更新传统的服务方式、方法及手段，不断提高读者服务工作的质量和水平，已成为当前图书馆迫切需要解决的问题。

一、提高读者服务工作水平是社会发展的必然趋势

读者服务工作是图书馆的日常工作，是图书馆的基本职能，也是图书馆赖以生存的基础，图书馆的一切工作，归根结底就是为读者用户提供信息服务。除了利用先进的技术和馆藏资源的常用工具，通过完备的网络通信设施，为读者用户提供有用的信息资源外，更主要的是必须树立新的服务观念，主动地了解读者的需要，及时满足读者的需求。在激烈的信息竞争中，图书馆只有把全心全意为读者服务作为最高宗旨，把工作的立脚点从藏书转向读者，把"吸引读者、争取读者"作为重要策略，不断及时地研究读者需求、满足

读者的需求，才能在信息市场中立于不败之地。所以说提高读者服务工作的质量和水平是图书馆生存与发展的客观要求，也是社会发展的需要，同时也是图书馆一切工作的出发点和归宿。

二、图书馆为读者服务所面临的具体问题

一个图书馆办得好不好，其办馆效益、社会价值如何，主要看读者对图书馆的利用程度、读者对服务项目和服务标准的赞誉程度、读者对服务人员服务水平的认可程度。不管图书馆的服务对象、内容手段如何变化，其服务工作都是以满足读者需求为最终目的，以读者满意为宗旨，以讲求实效为准绳。随着文献信息的大量增加，读者对图书馆的服务工作提出了更高的要求，也就是能够在最短的时间内，高质量地为读者提供信息资源和服务，但当前图书馆工作开展还面临着一些具体问题。

（一）图书馆管理制度不完善，馆员专业知识不足

当前图书馆服务工作要求图书馆必须拥有一批经验丰富，有较强的组织信息、应用信息技术能力的专业人才，不仅要有丰富的收集和整理文献的实践经验，而且还能够开发各种层次信息产品，开展不同项目的服务。从目前情况来看，工作人员的知识水平和技术能力并不高，难以满足工作的需求。同时，由于图书馆的规章制度不够完善，馆长和部室主任的任免制度不完善，工作人员的工作职责不完善，人才发展和继续教育不完善，实际工作效率的奖惩制度不完善，同时工作人员对自身的状况认识不够，没有树立新观念，满足于现状，从而使大量的信息资源在其手中流过。加上馆员年龄、职称、

性格、性别、学历等结构配置不合理,每个人的工作心理和个人需求又有差异,因而对某一项工作不能达成共识,不能齐心合力、通力协作。而那些有精深的专业知识的馆员在实际工作中难以施展才华,仅仅局限在借借还还的手工操作上,没有时间和精力去做深层次的文献开发和情报服务。这些人的积极性被严重地挫伤了,丧失了主动进步的精神,在工作中缺少动力和责任心,无法有效处理问题,工作效果不理想。

(二)经费不足,现代管理、设备落后,购书量减少

随着大量联机数据库的出现、电子刊物出版和传统的数字化转换,电子信息资源将成为信息时代图书馆文献信息资源的主体。所以图书馆读者服务的内容也将逐渐从提供传统印刷型馆藏向提供多元化、电子化的信息领域及深层次的信息服务发展。由于现代化文献信息的数量急剧增长,内容重复交叉,类型复杂多样,仅用传统的手工检索方式已远远不能满足广、快、精、准地搜集、整理、加工、存贮和检索文献信息所需求。由于经费不足,图书馆无法购置太多现代办公设备和建设网络平台,造成图书馆联机公共目录不能提供文献资源共享,读者也不能得到所需的信息。另外,由于近年来书刊价格上涨,图书馆的书刊订购品种与数量也相应减少,现有的藏书不能及时更新,严重地限制了读者对文献资源的需求。

(三)文献信息资源利用率较低

由于传统的图书馆工作以藏书为中心,图书馆馆藏的布局和规模制约着读者服务的范围和水平,而图书馆管理受传统思想观念的束缚,重"藏"轻"用",现代意识淡薄,缺乏创新思想,开放观念滞后,没有把信息服务工作面向社

会开放，没有将图书馆的功能发挥到极致。图书馆是一个文化和教育的阵地，也是一个信息的集中地，图书馆应向读者提供"多元化信息服务"。目前许多图书馆主要是开展以半开架式的书刊借阅为主，电子阅览室的计算机书目检索、电子出版物阅览及上网服务为辅，较少开展馆际互借服务，各自为政，处于封闭服务状态，从而造成文献信息资源利用率较低，大量有特色的文献闲置与文献资源缺乏并存的局面。

（四）宣传力度不够，难以被读者利用

很多图书馆在思想认识方面存在很大的偏差或者问题，图书馆只停在借借还还的工作层次上，对于宣传工作没有高度重视，没有以独特鲜明的形象吸引公众注意，很少对社会宣传、包装和推荐自己，对用户推广的力度不够，信息咨询服务功能不齐全，与读者之间沟通反馈渠道不健全、不通畅，在社会上没有影响力、号召力，难以被读者利用，甚至很多人不知道图书馆真正的用处。

三、强化优质服务、树立新形象的思路

针对上述存在的问题，目前图书馆的读者服务工作应采取几个方面的对策。

（一）开展调查咨询活动

图书馆一方面竭诚为读者服务，一方面又能充分开发利用读者的智力资源，以读者的优势激活自身，这样不仅能得到读者的咨询、建议及各种良好的社会效益，提高服务能力，也可以与读者形成良性互动机制，树立图书馆

的品牌。所以要通过深入读者群，深入基层，直接架设图书馆与广大读者沟通的桥梁，密切图书馆与读者的交流，把读者反映的各种矛盾、问题通过收集整理调研、综合分析、归纳形成改革方案，反馈给各部门，以此作为纠正以后服务行为的基础，从而达到服务质量控制的目的，推动各个环节工作的深入开展。比如通过实地调查、问卷调查、馆内调查、网上调查等形式多样的调查征询，采集信息，把握民意，广泛了解读者对图书馆的认识，收集读者对图书馆的反馈信息，为图书馆切实优化服务行为，建立良好的形象提供根据，从而有效地协调图书馆与读者的供需关系，并且也能塑造和提升图书馆的形象。

（二）开展特色服务项目

特色服务就是服务创新，即要实现服务读者诸方面的优化组合，在服务项目或服务产品上创立名优品牌，以质量取信于读者。

1.围绕图书馆信息服务内容，举办独具特色的展览和演示会，扩大影响并提升图书馆形象。通过主动参与及加强媒体的宣传力度，让更多的人认识图书馆，了解图书馆，走进图书馆，展示图书馆的魅力。

2.针对某一特定课题的需要开展定题服务，进行跟踪服务，主动、持续、系统地向相关课题的人员提供最新的相关信息。

3.充分利用馆藏文献信息资源和专业队伍的优势，面向特定用户开展专题服务，大力开发蕴涵在馆藏信息资源中的有效信息，向读者提供浓缩的直接可利用的数据、事实、结论。

4.为提高读者的阅读意识、阅读能力和阅读效益，通过各种有效措施开展读者辅导服务。如：①向读者推荐优秀书刊，帮助读者从优秀书刊中吸取有益的营养。②引导读者有目的地阅读，克服读者阅读中存在的盲目性或不健康倾向。③组织知识竞赛、读书演讲比赛、读书征文活动。④举办各时期历史回顾展及学术报告会。

（三）建立各种专门阅览室

随着以计算机为中心的现代信息技术及相关技术的迅速发展，图书馆必须建立专门阅览室，如视听资料室、多媒体光盘阅览室、电子阅览室、网络检索室等，为读者更便捷地获得文献创造良好的条件。如读者在网络检索室利用计算机就可以方便地查阅、下载、组织和重新编辑文献信息。在这些专门阅览室里，读者不仅可以查阅文字、数值、图形、图像等静态文档，而且可以获得多媒体信息的动态文档。

（四）加强专业人员的知识更新

图书馆员的素质高低直接影响信息开发的服务质量，所以要求馆员必须具备丰富的学科知识，熟悉各种信息资源，善于把握新动态，能依据一定的科学原则，对知识进行创造性组合，来挖掘信息资源的各种价值。

1.要更新图书馆工作者的思想观念，改变以"藏"为主和封闭式服务的方式，树立开放意识、竞争意识、创新意识，把被动服务变成主动服务，把滞后服务变成超前服务。

2.图书馆工作者要及时接受新观念，不断学习，接受新知识、新信息，提高专业知识水平，重视服务细节，做到想读者之所想，急读者之所急，全心全意为读者提供高层次优质信息服务。

3.重视对计算机与图书馆学、信息管理以及其他学科专业人才的引进和培养,以保证高质量数字信息资源建设及高水平、深层次信息服务的持续开展。

4.强化图书馆在职人员的责任感,使他们爱岗敬业,具有奉献、团结、协作精神,把"一切为了读者,为了读者的一切"的宗旨贯穿到各项基础服务工作之中,保证整个服务链畅通无阻。

(五)加大对图书馆事业经费的投入

学校要根据图书馆的规模、服务工作的需要,给予财政支持和有力的措施保障,应随着书刊价格的上涨而相应增加经费,以确保投入比例的合理性,要把图书馆的购书费、业务费、公务费、设备购置费等项费用实行计划单列专款专用,不得挤占,使图书馆事业随着经济的发展而协调发展。

总之,图书馆的一切工作都是为读者服务的,满足读者的需求是图书馆服务工作的中心,所以图书馆应适应现代信息环境的变化,充分利用现有的文献资源、人才、设备等优势,树立与读者公众利益一致的原则,积极与读者公众沟通、协调、协作,转变传统的服务方式,从封闭不断走向开放,从静态不断走向动态,从单一不断走向多元,从被动不断走向主动。

第二节 图书馆入馆教育服务

随着科学技术的发展,图书馆为读者服务的形式、服务的内涵、服务的措施等,与传统的各项服务相比,都有了实质性的改变。目前,高校图书馆服务内容的一个主要方面是如何协助读者更加方便、快捷、有效地利用馆藏文献资源。而新生的入馆教育也成为高校图书馆逐渐重视的工作。对入学的新生进行入馆教育，可以引导新生的信息需求，提高其利用图书馆的能力，也可以让图书馆的育人职能和价值在潜移默化中得到实现和提升。

我们以 A 大学图书馆入馆教育为例，浅析高校图书馆入馆教育普遍存在的问题。

一、入馆教育的形式

A 大学图书馆入馆教育的对象主要是每一届的新生，采取的方式主要有以下几种。

（一）多媒体演示

对新生的入馆教育主要使用幻灯片，由图书馆老师以班级为单位进行宣讲，幻灯片内容包括学校图书馆概况，各书库分布图，代书板、存包柜的使用方法，借书还书的程序和文明阅读规范等。在幻灯片中加有动画效果以向新生展示如何查找图书、资料以及如何借还书等流程。这种教育形式比较能引起学生的兴趣，使入馆教育取得较好的效果。

（二）参观馆舍

在多媒体演示之后，由图书馆老师引领学生参观图书馆馆舍，对所有书库、阅览室、各业务部门进行详细讲解。在这一过程中，学生可以对馆藏资源有进一步了解，并能亲身体验如何借还书。老师在讲解时，也可发现学生在实际操作中遇到的问题，及时为他们解决。通过师生互动，新生对图书馆的了解和认识加强，图书馆工作人员的亲和力也得以体现，拉近了工作人员和读者的距离。

（三）网络交流

A大学图书馆将入馆教育的课件放到图书馆主页上，学生可以随时点击查看。图书馆主页上还设置有咨询平台、对话框等交流平台，有专业老师解答学生在利用馆藏资源时遇到的各种问题。网络交流的教育形式较为灵活方便，师生互动性更强，不严格受时空的限制，也可以为读者提供入馆教育的自学机会。

（四）发放纸质指南

无论何种形式的入馆教育，新生对内容的接受程度有限。向读者发放纸质图书馆指南是后续入馆教育的形式之一。纸质指南的内容与入馆教育幻灯片基本一致，包括馆藏资源分布、借阅过程、图书检索步骤、图书馆平面图等，图文并茂、携带方便，学生随时随地可以查看。

二、入馆教育的问题

（一）教育对象单一

A大学图书馆入馆教育主要是针对大一本科新生展开的，而每个新学年入学的研究生、新进教职工未被纳入教育之列。研究生、新进教职工今后利用馆藏资源的率将比本科生更高，入馆教育的缺失将导致这部分人在之后利用图书馆的过程中遇到不少问题。

（二）教育形式单一

A 大学图书馆入馆教育的形式基本上还是传统的教育方式，虽然向学生进行多媒体演示在一定程度上能吸引学生的兴趣，但实际教育效果仍很有限。参观馆舍为学生提供了实际操作的机会，但因学生数量多、引领老师有限，不可能每位同学都有实际操作的机会。同时，因维持学生纪律分散了老师部分精力，老师可能有时不能及时解答学生的问题，在某种程度上也使部分学生体验效果不理想。网络交流平台是对读者进行入馆教育的便捷方式，但在图书馆主页上的位置不显著，不易引起读者注意。纸质指南是大多数高校图书馆都采取的入馆教育形式，发放指南确实在某个时段内为新生利用图书馆提供了便利，但纸质指南不易保存，很多新生在学期末即将其丢失。

（三）教育时效短

如同 A 大学图书馆一般，大部分高校图书馆的入馆教育的时间均集中在新生入校报到后几周内。在这将近一个月的时间内，对全校几千新生完成入馆教育，这本身就是突击性工作。在此之后，新生对突击教育的内容消化较少，图书馆在后期也未组织其他的后续教育，如各类讲座、入各院系咨询、读者跟踪服务、开设文献检索课等，使得开学初期入馆教育的收效极小。

三、入馆教育的建议

（一）拓展教育对象

在现有入馆教育的基础上，应对新入校的研究生、教职工开展入馆教育。对这类人群的入馆教育的内容可与本科生有所区别。研究生、教职工都经历过大学生活,对图书馆的各项功能有一定的了解,需要针对他们的需求为他们制作更加专业的教育课件。如在本科生教育课件的基础上,可将馆藏的各类专业书籍做重点介绍:馆藏地址、已制作的专业书籍目录、已制作的专业书籍索引等。也要对他们进行各种专业数据库的培训,以提高他们利用馆藏文献的效率。

(二)延长教育时间

这里所谓延长教育时间实际指实现教育活动的持续性。入馆教育不能是突击性任务,几周的时间不能解决学生利用图书馆过程中遇到的一切问题,必须有后续教育活动。我们应根据学生的专业、学院积极联系其院系辅导员,在此前入馆教育的基础上再开展针对不同专业的后续培训,逐步提高学生利用图书馆的技能。指定专人负责固定的学院,对学生进行跟踪辅导,做好教育总结和意见反馈。入馆教育应该是一项持续性的教育活动,高校图书馆的入馆教育,应该贯穿学生的整个大学生涯。

(三)丰富教育形式

入馆教育应在传统的形式上,积极探索新颖的教育形式。如可以举办图书馆知识竞赛、图书馆征文、图书馆知识演讲比赛等活动,这样既丰富了学生的课余生活,也可使他们的图书馆知识得到强化。当然,还可以不定期组织各种座谈会,可以请馆长就图书馆的概况、图书馆各类知识和学生开展交流,也可以请高年级学长将利用图书馆资源的经验介绍给低年级同学。

(四)开设新读者专栏

目前,高校图书馆的网络交流平台大多是面向全校各年级学生的,对新读者的针对性不强。我们可以在网络交流平台中专门开设新读者专栏,为他们提供专门服务。可以将图书馆宣传片、入馆讲座时间、预约咨询等内容上传到此专栏中,由专人解决新读者在初期利用图书馆过程中遇到的或最关心的问题,消除他们因不熟练而产生的焦躁情绪。

高校图书馆入馆教育是图书馆为读者服务的主要内容之一,它是图书馆和读者第一次接触的关键时刻,图书馆可以利用这个机会,激发新生利用图书馆的热情,大大提高图书馆的利用率,因此做好入馆教育这一工作对图书馆来说非常重要。

第三节 图书馆读者服务中读者意见处理机制

为读者提供优质的服务是图书馆工作的核心目标,其中,听取读者的反馈意见和建议,及时准确地处理读者的意见对于进一步提升读者服务工作有着积极的作用。读者意见是读者利用图书馆后,对图书馆服务的一种评价,是读者自身的需求,图书馆对读者意见的处理则是对自身服务质量的一个提升,读者的需求得到满足,图书馆为读者提供优质服务的目标也就达成了。当然,对于读者的意见要进行分辨,做到处理得当。

一、读者意见的问题类型

图书馆对读者意见的处理一般实行月报、年报制,在办公室设立专人专岗处理读者意见，编制读者意见月报、年报，对全年的读者意见做统计分析，为领导决策提供参考，积极促进读者服务工作，增加读者对图书馆的信任度。根据读者意见月报、年报的统计分析发现，读者意见中主要有以下几种类型的问题。

（一）工作人员的服务态度问题

读者提出的意见中，由工作人员的服务态度而产生的问题占了大部分。一种是服务态度不好，主要是态度冷淡、语气生硬、面无表情、怠慢读者的询问、缺乏主动服务精神，让读者产生"门难进、事难办"的感觉。另一种是服务语言不够规范，举止言谈粗俗失礼，工作时间扎堆聊天、打电话影响读者。还有，与读者发生争执时得理不饶人，不给读者台阶，使读者尴尬难堪。有些读者提出的意见起初并不是服务态度问题，但由于处理不当，造成言语冲突，发生争执，读者最终提意见时也归为工作人员的态度不好。如果工作人员服务态度好，即使处理结果未达到读者的要求，大多数读者也不会穷究工作人员的责任，矛盾自然也能化解了。

（二）服务质量问题

主要有：

1.因书目数据差错而导致有号无书或有书无号而影响读者借阅，书库调整等未及时修改数据导致索书号与馆藏地不符；

2.因图书馆系统原因造成读者无法查阅，预约、续借不成功，数据库无法检索等；

3. 新书（包括报刊）、过期报刊装订周期过长导致书刊上架速度慢，读者无法查阅；

4. 书刊破损严重，影响读者借阅；

5. 开架借阅室的书刊摆放凌乱，错架、乱架严重；

6. 因开架借阅室空间有限，将较多近年的图书放入闭架借阅室，使得读者不能自由阅读；

7. 阅览室工作人员不能满足读者深层次的参考咨询；

8. 工作人员不及时制止读者在借阅区打电话、聊天而影响其他读者等。

（三）管理制度问题

近年来，由于读者权利意识的增强，读者对图书馆的某些管理制度不满。主要有：

1. 对收费问题不满，如办证费、存包费、图书逾期费、复印价格及小卖部价格问题；

2. 对进入阅览室时的各种限制不满，如不能带包入室，不能自携书刊、食品、茶水入室，不能自行在阅览室内复制资料等。读者认为种种不合理的管理办法、规章制度应及时修改、调整，与时俱进，比如允许读者携带手提电脑包进入，延长阅览室开放时间，一些非特藏阅览室如自修室、开架借阅室允许读者自带茶水进入，当天借的书可以当天还，还书时不必非要有借书证等。

(四)图书馆服务环境问题

图书馆的服务环境问题,包括阅览室的照明、空调的冷热、饮水设备、书车推动和桌椅移动的噪声、厕所异味、读者检索电脑故障、残疾人设施配备、广场停车、图书馆阅览室分布导示图、对读者手机铃声做禁声的提示标牌等。

二、图书馆读者意见处理流程

图书馆读者意见处理流程主要分受件、分件、解决处理、答复反馈、统计分析这五个环节。

受件环节。图书馆读者意见主要来源于五个方面:读者到馆后当面所提意见,读者投入意见箱内的意见,读者向"馆长信箱"(设于图书馆网站上)提交的电子邮件、电话、书信,由各系部等转来的意见,办公室工作人员定期将各种来源的意见进行归纳、整理。

分件环节。工作人员将上述意见分成四大类型:表扬类意见、投诉类意见、咨询类意见、建议类意见。根据意见内容,附上读者意见处理单,分发到意见相关部门,由各相关部门直接处理。如果读者意见中的各条内容分别涉及多个部门,工作人员将意见转给分管领导,由分管领导对所属部门提出处理意见。

解决处理环节。由相关部门针对读者的意见进行核实,提出相应的处理意见和整改措施。如涉及规章制度方面的意见,由图书馆读者工作委员会讨论后提交馆部。如果意见内容需多部门协调,由分管领导协商后,馆部讨论决定。

答复反馈环节。原则上要求意见处理部门必须对留有联系方式的读者做答复、反馈，进行解释沟通。如部门未对留有联系方式的读者做反馈，有时由办公室工作人员对读者做反馈。

统计分析环节。各部门交回读者意见处理单后，办公室工作人员每月定期编制读者意见统计月报。全年结束后，根据每月的读者意见统计月报编制读者意见统计年报，为馆领导决策提供依据。

三、读者意见处理原则

（一）换位思考，肯定读者

读者以当面、电话或书面形式等向工作人员提出意见，接收读者意见的工作人员，尤其是窗口服务部门的工作人员，都应遵循换位思考的原则，从读者的角度出发，设身处地为读者考虑，热情接待，态度自然友善。切忌将提意见的读者看成对立面，对其爱答不理或急于推脱，从心理上排斥读者，抗拒读者。不管读者提的意见是否中肯，工作人员首先应从态度上肯定读者。

（二）认真倾听，耐心沟通

读者提出意见，尤其是当场提出意见后，工作人员应将读者带离阅览室等现场，避免因读者情绪激动而影响其他读者，或使其他读者误会，从而影响图书馆声誉。工作人员要先安抚读者的情绪，认真倾听读者的表述，了解事情的经过和读者的意图。对读者的意见表示理解，并对工作中的疏漏表示歉意。在明确读者的意图和要求的前提下，做必要的解释说明，耐心沟通，提出解决方案，尽可能将问题在小范围内解决。如果读者不满意当前的解决方案，记录下来，交由相关人员处理，或告知读者意见受理人姓名（办公室专人负责处理读者意见的人员）、电话，由其与读者沟通解决。

（三）以礼服人，适当变通

有时读者的意见是对的，但鉴于图书馆目前的情况，不能立即采纳整改，针对此情况要向读者解释清楚，多数读者都会谅解。有时个别读者的要求与读者群体适用的规定发生矛盾，在不违反规章制度的范围内，向读者讲明规定和原则，适当变通处理。

第四节 图书馆读者服务质量评价指标

读者服务工作是图书馆全部工作的出发点和归宿，为读者提供高质量的文献信息服务是图书馆的根本宗旨。对服务质量进行评价，是各图书馆改进和完善服务的一项策略，是提高服务质量的一项重要措施。但是长期以来，我国各级各类图书馆的工作评估和考核，大都将馆舍、文献资源、自动化设备等硬件作为考查的重点，对读者服务工作虽有所涉及，但也往往只将一些业务工作数据（开馆时间、流通量、借阅率、开架率、提供辅导、咨询和情报的数量等）作为考核的指标，很少真正地将服务质量纳入考查范围。然而，图书馆作为一种服务性机构，虽然所有的硬件和工作都是服务的基础，但是，服务本身是一种行为过程，所谓服务质量，是指这种行为过程及结果的优劣程度，它是一个难以计量的主观范畴，往往由被服务者的满意程度来决定，并非仅通过所做工作的统计就能评判其优劣。

20世纪70年代以来，西方学者从营销学角度对用顾客满意程度作为评价服务质量的标准进行了大量的研究，提出期望—实绩模型和需要满意程度模型，并被国外图书馆界引入图书馆读者服务质量评价的理论与实践。近几年，我国图书馆学界对读者服务质量评价理论与方法的研究也日渐重视，而且也有学者借鉴国外的有关理论，提出了读者满意程度评价方法。但是从整个图书馆学界来说，其研究还不够广泛和深入，还没有形成一套科学合理的评价标准和简便易行的评价方法，特别是在新的信息环境下，面对图书馆服务内容、方式的改进和读者信息需求的不断变化，图书馆如何调整评估手段，以什么样的评价标准来加强对读者服务质量的评价，还有待于广大图书馆学者和管理者做深入的探索，在研究和实践中寻求既科学合理又简便易行的评价标准和方式，以便有的放矢地推动图书馆服务工作，提高服务水平。

一、读者服务质量评价指标

读者服务是图书馆工作人员以一定的文献媒体，通过一定的方式来满足读者知识信息需求的行为过程。在此过程中图书馆工作人员和读者是服务行为的主体和客体，从全面、客观的原则出发，对服务质量的评价既要考虑施事主体努力程度的客观表现，也要考虑受事客体满意程度的主观感受，可以说"读者满意程度"和"图书馆服务实绩"是读者服务质量评价的两个不可或缺的主要指标。同时，由于满足读者的信息需求是图书馆实施服务的最终目的，所以，两个指标中"读者满意程度"这一指标应该是评价服务质量的更重要的指标。

(一)读者满意程度评价指标

在读者服务过程中,除了工作人员和读者这一对主客体以外,还必须有文献资源和一定的服务方式,而且最后能否满足读者的需求都必然有一个结果,所有工作人员、读者、文献资源、方式、结果共同构成读者服务工作的五个要素。读者作为要素之一,主要就是通过其他四个要素来感受服务,其满意程度实际也就是对四要素的感知程度,是读者对四个要素的预先期望与其实际感受的对比。所以,这四个要素也就应该成为反映读者满意程度的四个主要指标。

但是在读者服务的整个过程中,四个要素与读者发生关系的作用大小是不同的,其重要性也有一定差异。首先,工作人员是整个服务行为的主体,对其他要素起着主导作用。在传统服务中,读者到图书馆寻找所需的文献信息,直接与工作人员打交道,工作人员的综合素质、知识水平和服务态度等对读者的满意度产生直接影响。随着现代图书馆自动化水平和开架率的提高,读者与工作人员的直接接触相对少了,甚至有的不用到图书馆,直接从网上登录,但图书馆网页的人机界面是否友好、网络检索方便与否、网络信息的集成度如何等都还是人为因素的作用。特别是在图书馆工作逐步由传统文献服务向知识单元服务发展的新形势下,图书馆工作人员的知识水平以及知识组织、知识分析、知识开发能力和社会交往能力、应变能力等都对服务质量起着决定性作用。所以,无论什么形式的服务,对于读者的满意度来说,"工作人员"都应该是最重要的评价指标。其次,"服务结果"则是读者需求最终是否得到满足、目的是否达到的直接表现,从重结果而非过程的一般惯例来看,"服务结果"也是读者满意程度的重要因素。相对来说,"文献资源"和"方式"影响力稍小一点,但在整个服务过程中也不可忽略。此外,在不同的时间,不同的读者对这四个要素的感受往往是不一致的。有时候可能对工作人员的服务态度和方式很满意,但其文献信息并不能满足需求;或者有时候对得到的结果是满意的,但对获得方式或工作人员的素质并不满意。甚至在同一时间内对同一要素的不同方面来说,读者的感受也是复杂的。所以,为了准确表达读者的满意程度,有必要对这四要素分别从不同的角度进行评价,即建立起不同层次的评价指标。

(二)图书馆服务实绩评价指标

读者满意程度指标主要是从读者感知的角度对图书馆服务质量的主观性评价,是以读者感受到的人和事作为评价对象;而图书馆服务实绩评价则是以工作人员的实际工作成果对其进行客观性评价,图书馆各项服务工作的成绩也就是其主要评价指标。长期以来,图书馆各项业务工作统计为服务实绩评价打下了坚实的基础,各级各类图书馆评估工作也为此积累了丰富的经验。但是,需要说明的是,在以服务实绩为指标的客观性评价中,仍然要以最大限度地满足读者的需求为衡量尺度。特别是在当前信息超载、信息泛滥的现实情况中,读者反映出来的突出问题一方面是知识饥渴,而另一方面又缺乏选择和鉴别信息的能力,这就要求图书馆读者服务工作要由被动的文献传递逐步向主动的知识提供发展,要加强信息素质和信息能力的教育。因此,图书馆服务质量的评价也应由注重文献传递数量向重视信息能力培养转变,由重视文献借阅指标向注重知识情报服务指标转移。应在对读者服务工作各项指标全面评价的基础上，通过加大信息教育和知识情报服务的权重系数，引导读者服务工作在一般服务的基础上向加强信息教育和提供高层次知识服务发展。

二、评价方法

（一）读者满意程度评价方法

有学者曾在"期望—感知"评价模型中，采用象限分析法对每个评价因子的期望值与其感知值进行图形分析评价，形象地反映出评价因子的运动规律，直观地评价图书馆服务工作业绩，不愧为一种科学严密而形象的评价方法，值得一些大型的评估活动借鉴。但如果用于一般常规性评价，操作起来有一定的难度，即使在建立了该评价软件系统的情况下，其数据的收集也相当不易。因为要求读者就每一个评价因子的最低要求值、最高期望值、实际感知值都做出明确的判断，需要读者高度配合，这在实践中往往难以达到。而且以这种完全的定量评价方法来计算读者满意程度也是不太适宜的。读者满意程度本身就是一个主观范畴，读者的期望值与其感知的可变因素，只能是一种模糊比较，只有比较的结果才具有一定的明确性。所以，从兼顾简单性和可行性的思路来讲，对读者满意程度的评价则适合用定量与定性相结合的等级评分法，其具体步骤如下。

1. 设立评分级次。根据读者对最后一层评价指标的满意程度，设立优、良、一般、差四个评价等级，并以百分制分别给四个等级赋值，以便读者将定性的等级量化评分。

2.设置权重。各级指标中相关的一组指标对上一级指标的作用大小往往是不一致的,必须根据其作用的大小,分别给各级评价指标设置权重。可采用比率标度法,通过各指标的比较矩阵计算出各指标的特征向量,即权重。如"在读者满意程度"的第二级四个指标中,依其重要程度可排列为工作人员、服务结果、文献资源、服务方式,由此可形成各指标比较矩阵,并运用方根法或和积法,求得各指标的权重。同样,在"工作人员"下的三个第三级指标——可靠性、可信性、可交性也可以根据其重要程度形成比较矩阵,计算出各自的权重。其他各组指标的权重计算方法同此,在此就不一一列举了。

3.计算评分。将读者对第三级指标的满意程度的实际评分乘以其相应权数,每一组指标加权后的分值之和即为上一级指标的得分,第二级指标的得分再乘以各自相应权重系数,所得分值之和即为第一级指标得分。由此即得到读者满意程度评价指标的总分。

(二)图书馆服务实绩的评价方法

由于图书馆服务实绩评价指标大多是具体数据,对每一个指标不宜直接判断评分,而应根据各图书馆人员编制和读者类型等具体情况,先给各指标确定一个合理的上下限标准,将其实际数据与标准比照评分。为突出信息教育和情报服务的重要性,可在矩阵标度排序过程中增加其权重,与读者满意程度评价指标计算方法一样,再进行加权计算,求出服务实绩评价指标的实际得分。

最后,根据读者满意程度和图书馆服务实绩两项指标的重要程度,采用专家直接定权法,即由多个专家分别根据自己的经验和知识,直接给出两大指标的权数，然后求出专家们所给指标权数之和的平均值，作为两指标各自的权数。再将两个指标的得分加权求和，最终得出图书馆读者服务质量评价总分。

第四章 高校图书馆服务标准体系

第一节 高校图书馆服务标准体系的结构

根据因子分析，高校图书馆服务标准的因素被归纳为 11 个公因子，这 11 个公因子，可以解释高校图书馆服务标准的 55 个要素。本节对这 11 个公因子命名，并在此基础上通过分析和综合，对其进行主题归类，从而构建起高校图书馆服务标准体系。

（一）公因子的命名

在公因子命名时，以该类因子所体现出的总体特征进行命名。第一个公因子包含的要素有读者关系管理、读者行为分析、读者满意度调查、服务质量评价、读者规范、读者需求调查、服务效率、服务承诺、服务理念，将该公因子命名为"服务质量"。

第二个公因子包含的要素有服务纪律、服务态度、职业规范、职业素养、服务技能、部门职责、职业道德、业务规章，将该公因子命名为"服务岗位与规章制度"。

第三个公因子包含的要素有房屋建筑、空间布局、用地、设备、标识、环境，将该公因子命名为"设施设备"。

第四个公因子包含的要素有提拔和晋升、薪酬体系、考评机制、馆员教育与培训、馆员招聘和选拔、馆员资质，将该公因子命名为"馆员职业发展"。

第五个公因子包含的要素有信息资源的来源、信息资源的范围、信息资源的类型、信息资源的数量，将该公因子命名为"信息资源"。

第六个公因子包含的要素有服务改进、服务监督、服务沟通、服务补救、服务宣传、服务统计，将该公因子命名为"服务推广与监督"。

第七个公因子包含的要素有人员数量、人员结构、人员配备、人员构成，将该公因子命名为"人员"。

第八个公因子包含的要素有服务体系、服务方式、服务内容，将该公因子命名为"服务设计"。

第九个公因子包含的要素有检索系统、网站、服务对象，考虑到这三个要素主要反映的是图书馆用户（即服务对象）在使用图书馆时的交互面（即检索系统和网站），因此将该公因子命名为"服务交互"，体现用户与图书馆之间的交互、接触。

第十个公因子包含的要素有经费使用、经费来源、经费数额，将该公因子命名为"服务经费"。

第十一个公因子包含的要素有个性化系统、软件程序、服务流程，考虑到个性化系统和软件程序是用户使用图书馆服务过程中需要的平台，将该公因子命名为"服务平台与流程"。

（二）主题归类

进一步分析这11个公因子，公因子一构成"服务质量"主题，体现了为满足图书馆服务质量建立的各项要求而设立的标准和要求，以及相关的方法和手段。公因子三构成"设施设备"主题，反映了实现图书馆服务所必需的建筑、设备等基础条件，只有按标准要求建立基础条件，才能为用户提供标准化、规范化的图书馆环境，增强服务能力。公因子五构成"信息资源"主题，体现了对图书馆服务赖以实现的最重要的因素的重视，按标准要求建设高校图书馆信息资源，才能保障为高校的教学科研提供优质服务。公因子二"服务岗位与规章制度"、公因子六"服务推广与监督"和公因子十"服务经费"都是服务管理的重要事项，它们共同构成"服务管理"主题，体现出对图书馆服务质量从岗位、规章制度进行的管控，以及对服务过程中的关键环节和相关因素进行管理和控制。公因子四"馆员职业发展"和公因子七"人员"都是有关图书馆人力资源问题的，它们共同构成"人力资源"主题，表明了对图书馆从业者的重视，这种重视不仅体现在对人员的工作安排方面，还体现在对馆员发展的关注上，以馆员的发展促进图书馆服务的发展。公因子八"服务设计"、公因子九"服务交互"、公因子十一"服务平台与流程"共同构成"服务过程"主题，高校图书馆服务要重视服务的科学设计、重视用户与图书馆的接触面和交互平台，规范服务流程，从而明确整个服务体系，优化图书馆的整体服务。通过对公因子的主题分析和归并，高校图书馆服务标准体系的主题包括设施设备、信息资源、人力资源、服务过程、服务管理、服务质量等。

至此，本书对于图书馆服务标准体系的研究，在文献综述和理论分析基础上构建了图书馆服务标准基本结构（服务条件、服务过程、服务管理、服务质量），并在调查和实证分析基础上形成了六大主题结构（设施设备、信息资源、人力资源、服务过程、服务管理、服务质量）。将它们进行对照，可以发现，因子分析所得的高校图书馆服务标准体系框架更为详细，共包含六个主题，主题"设施设备、信息资源、人力资源"对应于图书馆服务标准基本结构的"服务条件"，其他三个主题则分别与基本结构的内容对应。这表明，通过实证得出的高校图书馆服务标准体系的主题能够较好地验证图书馆服务标准体系基本结构，并且在一定程度上证明了本书提出的图书馆服务标准基本结构的正确性。

第二节 高校图书馆服务标准体系的验证

一、验证方法

针对第一节研究所得的高校图书馆服务标准体系的六大主题和55个要素，围绕此体系框架是否具有科学性与合理性，笔者对专家进行了咨询，与专家分别进行了1~2次面谈或电话交谈，每次访谈时间为40~60分钟，专家均有图书情报领域研究或实践经验，其情况见表4-1。通过收集的专家意见对服务标准体系进行了验证和修改。

表4-1 专家简况表

专家代码	专家简况
F1	男,教授,博士研究生导师,图标委委员
F2	男,研究所所长,研究员,博士研究生导师
F3	女,教授,硕士研究生导师
F4	男,研究馆员,高校图书馆馆长,硕士研究生导师
F5	女,副研究馆员,高校图书馆读者服务部主任
F6	男,副研究馆员,高校图书馆副馆长
F7	女,副研究馆员,高校图书馆信息咨询部主任
F8	女,副研究馆员,高校图书馆馆长
F9	女,馆员,高校图书馆读者服务部馆员
F10	男,副研究馆员,高校图书馆副馆长

二、专家咨询分析

(一)对高校图书馆服务标准体系的总体看法

专家F2肯定了本书的思路,认为对图书馆服务标准体系开展理论研究,总结出体系结构,是科学的研究过程,但图书馆服务标准体系的建设是一个长期的过程,所提出的服务标准体系还要通过实践进行调整。专家F1认为本书对图书馆服务标准体系做出的层次设计,内容分明、方便使用,同时他也提出还要广泛收集专家意见,不断完善这个体系。专家F6将本书提出的高校图书馆服务标准体系与专家所在图书馆情况进行了对比,认为体系中的六个主题与图书馆实际情况是比较吻合的,只是有的名称说法不完全一样。专家F5特别赞同在图书馆推行服务标准,也认为笔者提出的服务标准体系是比较科学的,三层次的标准体系结构对高校图书馆服务标准工作具有指导性,她说:"以前读者对图书馆的印象是一个低层次的工作,很大程度上是因为我们的服务工作没有标准规范，难以管理。"专家F7结合自己所在图书馆是多校区多分馆并存的情况，认为研究图书馆服务标准体系很有必要，本书所提出的服务标准体系包含六个主题是合理的，能够对具体的高校图书馆服务标准工作提供参考。她说："每一个校区图书馆服务的读者虽然有区别，但按照这个体系去制定统一的服务标准就能使全馆统一定位，统一服务要求，统一服务管理。从图书馆目前效果来看，新校区图书馆的环境、设备、条件、人员都是最好的，所以读者的评价也是最高的，可见，图书馆服务的好或差与服务的基本条件是分不开的，环境、设备、设施、馆员配比等都很重要，所以基础条件必须出台规范。"专家F8认为图书馆服务标准体系可以帮助图书馆理清思路，找准自己的定位，有针对性地开展高校图书馆服务标准规范活动。

上述咨询意见表明，专家对本书提出的高校图书馆服务标准体系整体上均给予了充分肯定，认为体系内容正确，结构合理，层次分明，要素全面，并认为该体系的构建对于高校图书馆服务标准的研究和实践应用具有参考价值。专家的咨询意见验证了本书提出的关于高校图书馆服务标准体系的科学性与合理性，为本书的标准体系的验证提供了实证基础。

（二）对高校图书馆服务标准体系的修改建议

在肯定高校图书馆服务标准体系的价值和合理性的同时，专家对高校图书馆服务标准体系的主题和要素均进行了认真审视和深入探讨，他们对标准体系的具体内容也提出了相应的修改建议。经整理，这些意见有三种情况：增加标准要素、调整标准要素、删除标准要素。

1.增加标准要素。专家F8专门提出服务标准体系不是一个冷冰冰的工具，反而应该是可以帮助促进服务的，她认为图书馆服务标准体系一定要体现出以人为本，以用户为中心，以标准为依据的原则，并建议在标准体系最前面加上醒目的宗旨——以人为本，以用户为中心，而且在要素制定具体内容要求上也要围绕这个宗旨展开。专家F4借鉴国外图书馆事业发展经验，认为从长远来看，图书馆服务标准应该与图书馆战略规划工作结合起来，在国外图书馆界，这已经成为一种趋势。他还提出比较理想的服务标准是可以用于评价服务质量的，也就是说高校图书馆的服务标准体系可以胜任质量评价体系，可以依据服务标准来开展质量评价。

专家F3认为大学图书馆有两个核心，一是服务对象，即读者，要充分考虑读者需求；二是服务基础，要根据读者需求建设资源。因此她赞同对"信息资源"主题的提取，认为这个主题体现了对图书馆服务根本的重视，但仅仅规定信息资源的来源、范围、类型、数量等还不够，还要强调图书馆服务对信息资源使用的要求，因为"以前主要是在资源建设和加工方面做了很多规范，涉及资源使用就规范得比较少了"。持同样观点的还有专家F4，他认为信息资源是流动的资源，图书馆应该按照资源的不同类型提出具体的编码、管理、流动、提供服务的要求，信息资源在流动过程中环节上涉及哪些部门就由该部门负责，该专家还介绍了他所在图书馆的成功经验，即把期刊的管理和服务进行了修改，将资源使用和业务规范进行整合，形成手册，提高了服务效率。针对"信息资源"这一主题，专家F2特别指出，我国大多数图书馆属于复合型图书馆，单独的实体图书馆或数字图书馆都是少数，且对同一图书馆而言，用户可能同时借助网络和现实达成一个相同的需求，难以完全区分，因此需要强化对信息资源的管理。该专家指出，高校图书馆同时拥有纸质资源和数字资源，如果不根据高校图书馆用户需求的变动考虑实体资源与数字资源在整个资源系统中的相对比例和服务深度，根据实际服务内容确立具体的标准规范细目，那么这种标准的适用性将有待考量。

专家F5和专家F7认为高校图书馆服务标准除了对部门提出职责要求外，还应有对岗位职责的规范，专家F7说："现实情况下有些图书馆对服务标准的理解就是从岗位职责开始的，而且岗位职责也很严格。例如，我们图书馆的读者服务部就自己根据岗位设置制定了岗位职责，现在只是在内部工作中使用，并没有形成馆内正式的文件。"此外，专家F5还专门提到了高校图书馆人力资源中的临聘人员和学生馆员问题，认为对他们也应该做出单独的职责要求。

专家F9认为网络设施设备已成为高校图书馆服务开展必不可少的基础，其重要性并不亚于书库、阅览室，因此建议增加网络条件。专家F10认为现在大学普遍采用的服务平台还应该有移动服务平台，建议标准体系的"服务过程"这一主题增加移动服务平台；他还提出高校图书馆要重视经费预算，图书馆就要根据学校总体发展目标、图书馆资源建设和服务发展合理地提出图书馆经费预算。对经费方面的规范，专家都认为非常有必要，今后根据标准体系出台高校图书馆服务标准的目的之一是确保经费投入有保障，为高校图书馆的经费、人员、管理上提供制度保障。因此，标准体系中要体现出这一目标。

专家F6总结自己的实践工作经验，提出服务标准体系中的"服务推广与监督"还应增加服务反馈，对读者反映的问题要有反馈。他说："如果反馈机制起了作用，责任明晰，图书馆的工作就会流畅。现在在我们读者服务部设置了服务前台，可以承接读者提问，对前台工作人员有回复读者和反馈读者的要求，他们能当场回答的马上回答读者，如读者开卡，在读者服务部门就马上给解决了；对于需要找相关部门来解决的。就要当场找这些部门；如果需要事后再答复读者的，就留下读者电话等联系方式，尽快回答他们。我们一般要求当日将解决方案电告读者。"该专家总结了自己的工作经验，认为图书馆的服务要做好，不在于内部装修有多豪华，首先在于工作人员要发自内心地想把工作做好，态度端正，要让读者感受到工作人员是热情的，工作是符合礼仪规范的。因此，他建议增加服务礼仪的规范要求。

2.调整标准要素。专家F4提出，图书馆服务标准首先要考虑读者，读者是首位的，图书馆做出的所有对馆员的规范和对资源的管理使用要求，都是为了让读者满意，在加强数字信息资源使用规范的同时可以与流程结合起来。建议要突出服务流程规范，他甚至提出服务流程的规范应该单独成为一个主题。

专家F7说："我们的研究把有关软件的要素归纳成为服务平台、服务交互，可能还需要通过实践检验这样的设置是否合理，或者直接叫作软件资源更合理。"她认为，本书提出的标准体系中有对硬件方面的规范，还应该考虑软件资源的规范。提出是否应该将"软件程序""检索系统""个性化系统"等从现在的"服务平台"主题中抽取出来，单独构成一个"软件资源"的主题，与设施设备等硬件资源共同构成高校图书馆开展服务的最基本条件之一。

3. 删除标准要素。专家 F7 提出，高校图书馆工作人员的工资往往并不是图书馆决定的，是由学校统一规定的，所以服务标准中设置薪酬体系与图书馆实际情况不符合，但是希望今后大学图书馆自己能为自己设置薪酬体系，从而起到促进馆员积极工作、认真服务的作用。因此建议先去掉"薪酬体系"这一要素。

专家 F3 提出图书馆房屋建筑方面的规范是可以包含用地要求的，建议将用地合并到"房屋建筑"要素中。

（三）专家意见的处理结果与体系的完善

总的来说，专家认为高校图书馆服务标准体系总体结构和具体要素是比较科学合理的，部分问题上给出了具体的修改意见。笔者对专家提出的修改意见进行了认真思考，与专家进行了沟通，采纳了大部分建议，对本书提出的标准体系进行了修改和完善。

经过修正的高校图书馆服务标准体系更为完善，将在高校图书馆服务标准的理论研究和实践应用中具备更好的适用性。服务标准体系的总体框架还是保持原层次结构，包括六大标准主题，共涉及 58 个标准要素，具体的标准要素更为合理。

1. 设施设备是图书馆开展服务的最基本条件，是服务标准体系最基本的构成，是确保服务标准的其他主题要素发挥作用的基础，任何图书馆的发展都必须重视设施设备。

2.作为高校的资源中心和学术中心，高校图书馆开展服务最重要的保障和后盾是信息资源。在整个服务标准体系中，信息资源的标准是确保服务质量的重要条件，信息资源依赖于一定的设施设备条件，对具体的服务过程产生直接的影响。

3.高校图书馆履行服务规范，保持稳定服务水平的重要条件之一就是人力资源。

4.在整个服务标准的体系中，服务过程最集中地体现了服务本质特征。

5.服务管理是高校图书馆服务标准体系的重要内容，传递了服务标准体系的原则和要求，体现了图书馆服务导向的风气。

6.图书馆服务质量是图书馆服务的最终表现。如果说服务标准体系中的其他五个主题反映的是对服务投入和变化过程的约束，那么对服务质量制定的规范主要是为了提高服务产出的水平。

第五章 高校图书馆智慧化读者服务拓展平台构建

第一节 智慧图书馆服务平台构建概述

一、智慧图书馆服务平台框架及关键技术

智慧图书馆的功能主要由其信息化平台实现。智慧图书馆服务平台框架在考虑图书馆服务的同时，应体现智慧化的特征。本书在总结前人相关图书馆模型的基础上，结合智慧图书馆服务的特点，利用物联网、语义网、云计算、数据挖掘等技术自下而上构建了智慧图书馆层次模型。

智慧图书馆由物联层、传输层、云计算平台层、应用层、用户以及技术支撑六个部分组成。物联层包括 RFID（Radio Frequency Identification，无线射频识别）、智能传感、自动定位技术支持下的电子标签化馆藏资源、自助借阅机、查询式计算机、移动终端以及 CP 定位器等设备部署，用以实现馆藏图书的自动上架、智能导航。

传输层根据各感知设备不同的传输需求，将物联层收集的数据通过光纤线路、无线信道、移动通信网络通道，以准确、可靠、安全、快捷的方式传输至集成的云计算平台层。

云计算平台层是智慧图书馆平台框架的核心部分，通过云计算的资源虚拟集成技术，将物联网采集到的存储空间数据、馆藏资源数据以及预设本体/语义标准进行统一存储与维护；同时，对由用户输入的特征数据（如年龄、性别、行业、职位等基本信息）、网络日志记录的用户图书馆场景行为数据（如查询、浏览、咨询、借阅、下载）、网络爬虫抓取的用户交互数据（如分享、交流、点赞）进行统一管理和预处理。智慧图书馆基于云计算平台中集成的全方位、动态实时的图书馆服务数据资源在计算能力之内部署一定的预设算法与规则，实现智慧化处理，主要包括：基于对图书与位置的感知对实体资源进行智能定位、导航；基于语义标准对虚拟资源精准查询；基于用户行为数据的记录对个体行为建模以进行规律发现和行为预测；对交互数据进行分析，实现基于用户之间相关性的资源协同过滤；对全体用户数据汇集，进行大数据群体价值挖掘。

平台应用层实现用户需求与图书馆资源的直接交互。实体资源管理系统协助图书馆员完成排架、上架、盘点等一般工作业务，降低工作难度，提高工作效率；用户自助借阅系统以高效便捷的方式实现借阅业务从查询、定位、借书到还书的全过程的自助化；智能查询系统以资源的语义化关联规则为基础，实现针对用户查询需求的资源精准发现，降低用户搜寻成本，提高其查询效率；个性化推荐系统是用户个体全数据的价值表现，通过对用户个体行为规律的发现和预测，主动向用户推荐图书馆资源；用户虚拟社交平台可以是图书馆自建用户交流社区，也可以是借助微信、微博等第三方平台搭建的嵌入式图书馆服务，满足用户知识表达、交流、观点碰撞的需求；用户个体信息管理系统提供用户对个体数据使用权限的设置，尊重并保护用户隐私，同时以可视化的方式向用户提供针对其个体行为数据生成的用户个体分析报告，协助用户总结其学习过程。

平台基于SOA（Service-Oriented Architecture，面向服务的架构）框架技术构建，利用云计算技术使各服务系统无缝衔接，应用语义技术实现资源的智能化组织，通过身份认证技术识别用户身份，为用户提供相应功能模块，同时，使用移动互联、智能传感、GIS（Geographic Information System，地理信息系统）定位、跨媒体集成等技术，实现智慧图书馆服务的一体化、泛在化。

二、智慧图书馆服务平台的构建原则

从信息管理与应用的角度来看，智慧图书馆建设可分为信息汇集、协同感知和泛在聚合三个阶段。智慧图书馆服务平台的构建必须具有异构性、开放性、移动性、协同性、融合性等特点。在建设过程中，必须关注用户的实际信息需求，通过构建、整合各种信息资源、网络平台，提供让用户放心且安全的使用环境，使用户能够跨越时空、无障碍地使用图书馆的资源，满足用户不断变化的各种信息需求。

（一）服务主导原则

在图书馆智慧信息服务体系的构建中，技术、资源和服务是相互依存、相互支撑的关系。技术是必备的手段，资源奠定了内容基础，而服务是最终的结果。阮冈纳赞曾说，"书是为了用的"，这句话在物联网和云计算环境下则可以理解为"资源是为了用的","资源利用"是图书馆服务的根本所在。技术是图书馆智慧信息服务体系的支撑；资源是智慧信息服务体系的核心竞争力，没有资源，智慧信息服务体系就会成为"无米之炊"；服务是智慧信息服务体系构建的根本目的，是智慧服务平台构建的立身之本。

（二）资源集成原则

资源集成是智慧图书馆服务与管理的技术基础。图书馆需要借助云计算技术、物联网技术建立起文献感知服务系统和整合集群管理系统。这里讲的资源包括印刷型、数字型、网络型等各种类型载体的资源。资源集成就是在各个文献信息机构、各类文献之间建立起跨系统应用集成、跨部门信息共享、跨库网转换互通、跨媒体深度融合、跨馆际物流速递的服务与管理模式。例如，2012年3月成立的首都图书馆联盟由位于北京行政区域内的国家图书馆、党校系统图书馆、科研院所图书馆、高等院校图书馆以及医院部队图书馆、中小学图书馆和北京市高校图书馆等共110余家图书馆自愿联合发起成立。首都市民今后有望仅凭一张读书卡即可浏览百余家图书馆的文献资源。近期，首都图书馆联盟将做到"一馆办证、各馆通用""一卡借阅、就近还书""一馆藏书、各馆共享""一馆讲座，各馆转播""一馆咨询、多馆服务""与出版机构合作，推出优惠图书"。

（三）以人为本原则

在资源集成的基础上，实现资源与人的时时相连，既包括资源与馆员的互通相连，也包括资源与用户的互通相连，这是智慧图书馆服务与管理的关键，体现出以人为本的图书馆发展理念与实践。这些表面看起来无人值守的图书馆，其自助服务是建立在前台的服务机与后台庞大的集群网络化布点、信息化管理、一体化物流管理系统之上的。通过后台强大的管理系统和集成化服务，实现馆员—资源—用户的互通互联，依靠现代信息技术满足用户的信息需求，体现出图书馆服务以用户为中心、以人为本的原则。

三、新一代智慧图书馆服务平台的发展特征

我们对新一代智慧图书馆服务平台提出新的定义：新一代智慧图书馆服务平台是在用户需求牵引下，基于以"用户为中心"的设计理念，整合所有用户可获取的各类型资源（包括纸质版、电子版、数字化，用于购买、自建、共享、开放获取），涵盖现有图书馆管理系统的全部功能，遵从专业权威和全球化的开放标准与数据接口规范体系，建立支持区域协作的数据共建共享和云服务架构，形成融合各类人工智能与可视化技术的服务平台，最终由用户、图书馆和厂商共同进行模块化功能组装、开发与维护，促进智慧图书馆发展。因此，新一代智慧图书馆服务平台的特征可以概括为：为了适应兼容创新服务与电子及数字化馆藏资源的精准揭示，跟踪用户行为以指导和动态调整图书馆服务，全面提升服务能力，融合IT与图书馆领域相关的新理念，并接纳相关领域中的新技术而对原有图书馆集成系统进行的一种大幅度改良。

智慧图书馆服务平台的主要特点包括八个方面。

（一）整合用户可获取的各类型资源

随着数字图书馆的发展，图书馆的资源类型越来越多。各个图书馆的资源管理系统采用的数据模型（如MARC、DC、RDA和BIBFRAME等）各异，

造成了数据统一管理困难的问题；传统的图书馆服务系统不能完全支持智能化服务管理，例如空间管理、图书资源的智能化设备的管理，且各类资源的管理较为封闭，不够开放，无法完全实现与其他系统的无缝对接；在提供资源发现和服务时，各类资源分布在不同的管理系统，系统间难以建立关联，数据间难以建立关联；图书馆购买的电子资源存放在数据库供应商的服务器，本地没有任何元数据信息，图书馆较难进行应用与拓展服务。因此，需要建设一个新的平台进行整体化管理，并提供相应的揭示和利用，实现纸质资源和电子资源的统一管理，使知识库与馆藏对象之间形成链接，从而实现对资源的进一步挖掘。而且大量的电子与数字资源的涌现对于现有系统所造成的冲击，在极大程度上推进了新一代图书馆服务平台的产生。即使对现有系统进行优化改进，但由于架构缺陷导致的积重难返，老系统对于这类资源的处理有天然的劣势，因此，在考虑新一代服务平台时，对于各类资源整合化的处理便是重要的因素。

整合多种资源指的不仅是结构上的整合，更需要从服务的角度出发，考虑用户眼里的"统一"，使新平台在资源的处理上实现真正的跨馆藏。另外，整合化的资源也便于馆员实现基于业务工作流的管理，使图书馆智慧化管理向更精准、更集约的方向迈进。

（二）用户需求牵引的设计理念

新一代图书馆服务平台不应当像以往的系统那样只面向功能实现，而应当转向于面向用户与服务。以往的系统都是根据"馆员需要什么功能，或者馆员认为读者需要什么功能，因而需要实现什么功能"来设计的，当今的图书馆应该把出发点放到读者的角度，思考读者需要什么服务。当然，图书馆也需要对服务全局中的各种发展规划与需求做出响应。

新一代图书馆服务平台在面向用户与服务的过程中，基于 Web 浏览器和移动终端的平台应用将会越来越普及。在新一代图书馆用户服务中，便捷的导航、主题性的内容导引和各类实用的功能都包含在有效的用户服务范畴中。新平台应充分利用用户的数据来识别需求，并规划高质量的吸引读者的用户服务流程。

（三）遵循统一权威的标准和接口规范

回顾之前的各代图书馆应用系统，很大程度上都是图书馆被动接受厂商所开发的系统。由于系统框架确定在先，图书馆在使用这些系统后，即使将意见和建议反馈给了厂商，也很难获得根本性的改进。因经费和人力的限制，图书馆又往往不得不从厂商处购买相应系统。鉴于这种情况，新一代图书馆服务平台，应当由图书馆提出各类标准。

在共享接口的同时，也要注意到底层系统的权威性。应用只能通过 API（Application Programming Interface，应用程序编程接口）等调用的方式访问平台，与其他应用交互，获得平台提供的数据。开源社区的参与者不会参与底层平台的编写，但平台维护人员会按照社区要求提供新的 API。新一代平台的统一规范将能支持在 SaaS（Software as a Service，软件运营服务）云服务架构下多租户共享使用平台底层数据，实现多用户环境下的复用。统一数据规范的 SaaS 模式更加容易增加新的机构用户。平台标准化接口规范也可以支持图书馆和开发人员将平台扩展到新的领域，任何开发人员都可以与平台中的任何层进行交互，没有任何组件是不能被替换的，包括程序语言自适应组件。

（四）支持多机构的云服务协同平台

新一代图书馆服务平台出现的另一个原因就是融合各类不断涌现的互联网和IT新技术，而现有的系统对此未能体现出足够的关注，云架构的出现有利于实现协同合作的服务理念。由于图书馆联盟的存在，协同服务合作的理念越来越深入人心。基于云技术的新一代服务平台可以大幅缩减资源的采购与管理成本，同时，这也是服务理念的一个进步。以往的系统只展现本馆特有的资源，而新平台将支持非本馆所有但用户可获取的资源。云技术对资源的揭示、组织和服务都大有好处。

在实际部署时，我们需要区分公有云和私有云。由于新一代平台权威和统一标准的存在，新平台很容易架设到云上，而大量的电子与数字资源使得这类云的存在更有价值，它能节省存储的空间，却并不额外消耗太多的时间。不过需要注意的是，并不是所有的数据都必须存放在公有云上。对于一些数据，包括财务、预算和个人隐私等信息，出于安全考虑，存储在内部的私有云上可能更合适。因此，全新平台是构建在公有云和私有云协同的混合云架构下的，既支持客户端的资源与数据共享服务，也保障隐私和数据安全需求。

（五）开放互操作的生态系统

互操作性是新一代平台的核心观念，主要包括三个方面的特征：

1.人与应用之间的互操作性。所见即所得，UI（User Interface，用户界面）的设计应当匹配人的直观体验，让用户只需要花费较小的学习成本便可以操作应用。在这个基础上,可以进一步要求应用有理解用户的能力。依靠人工智能等技术,应用可以依据以前的用户习惯预测用户下一步的操作,使用户感受到所想即所得。

2. 应用与应用之间的互操作性。新一代平台在底层设计时就应当考虑到应用与应用之间的互操作性,改善不同应用间的关联难度。真正意义上的新一代服务平台应当满足应用共享中间层数据库,实现应用间的同步操作。

3. 平台与平台间的互操作性。新一代平台(系统)在底层设计时就应当考虑到不同机构之间的平台的互操作性,改善不同平台间的关联难度。

（六）开源、用户参与的共同开发机制

未来新一代平台应尽量具备开源众包和用户参与的特点,这可以成为区别于当前商业产品的新优势。为了改变现有系统开发成本高、开发周期长的缺点,新平台在设计时就应当支持开源。通过各种形式激励不同领域、不同规模的开发公司或组织参与到新平台的程序开发中来,也支持终端用户参与程序的开发。由于用户更知道自己所需要的是什么,因此他们开发的程序从某种程度上而言会比厂商的程序更能满足需求。通过与用户互相促进,实现正循环。这样的系统将会具有更强的可扩展性,做到功能模块的自由组配,数据和应用解绑所带来的松耦合以及模块随时增减与更新的热插拔。

（七）支持各种智能统计和可视化分析

人工智能将提升新一代服务平台的效率和智慧化,如程序会习得用户的使用习惯,让用户切身感受到以前的所作所为会影响到现在的体验。此处的用户应不仅仅是读者,也包括馆员。

智能统计与可视化是传统统计的进一步深入，包括但不限于用户聚类、用户行为预测等。有了智能统计和可视化的协助，新平台无疑会在用户体验上更上一层楼。基于平台海量数据的关联分析，可以将各类分散、结构不统一的数据关联起来，通过功能强大的可视化数据分析工具，帮助图书馆管理者进行日常监测、分析和优化决策。

（八）支持向下兼容的更新机制

当前的图书馆集成管理系统已经发展了数十年，形成了一定的固有流程和用户习惯。新一代平台应该是图书馆集成管理系统的升级，原有系统的资源组织与揭示功能要在保留的基础上做进一步发展。这里会涉及对于新平台的社会性考虑。一个新系统，固然有其令人耳目一新的闪光点，但人们对于离开自身已经熟悉的系统总会有所抗拒，因此，在开发时必须将新老系统的兼容性考虑在内。

1.在实际操作中，每个图书馆应考虑其实际业务流程需求，满足现有工作流程中的所有应用。

2.新系统应能实现原有集成系统中采访、编目、流通和OPAC（Online Public Access Catalog，联机公共目录检索系统）模块的顺利迁移，甚至于保留原有系统，通过数据管理模块实现分布式整合。

3.新系统集成的发现模块应能同现有或购买的发现系统实现无缝对接。

具体而言，新一代平台需要向下兼容，即支持老的应用程序在新一代平台上继续使用。更困难的一点在于新平台中的应用程序也应能向下兼容，即可以获取老平台中的数据。由于新的应用程序是按照新平台的接口规范设计的，因此这一点的实现就依赖于新老系统之间是否交互顺畅。

新平台设计时需考虑到数据迁移的难易度问题，要方便将数据从老平台迁移到新平台，同时不能顾此失彼，使得新平台成为老平台机械的拷贝，丧失新平台的独特性。为了使新平台便于推广，无论是功能实现上，还是外观设计上，都应考虑新老平台在"格式"上保持一致。如此一来，用户就很容易发现，在新平台实现某一操作与在老平台上实现这一操作的步骤基本一致，而新平台完成操作的时间又少于老平台上花费的时间，因此会更容易接受新平台。

第二节 面向智慧图书馆的知识服务平台构建

一、面向智慧图书馆的知识服务

图书馆知识服务是指从各种显性和隐性信息资源中，针对用户的需要将知识提炼出来的过程。知识提炼过程就是知识开发过程。知识开发是在知识组织的基础上，根据用户要求和图书馆发展的特定目标，通过知识重组和知识再造，形成用户决策所需要的问题解决方案或适合市场需求的知识产品的过程。知识开发过程中包含了图书馆馆员创造性的智力劳动，这种智力劳动能使知识产品增值。同时，图书馆知识开发关注和强调的是利用自己独特的知识和能力，通过对信息和知识的深层次加工，形成有独特价值的知识产品，解决用户凭自己的知识和能力所不能解决的问题，从而实现自身在社会知识创新、知识扩散和知识应用链条上的独特价值。智慧服务的标志是以灵活的服务模式充分利用和调动知识工作者的智慧进行特定问题的分析、诊断、解决，其本质在于提供智力支持、启迪用户思维。这个过程就是将知识转化为能力、将知识转化为生产力的过程，体现了图书馆智慧服务的知识创造性特征。

智慧图书馆的知识服务就是一种智慧服务。图书馆的存在就是为了服务大众的，其最基本的性质就是服务。迄今为止，图书馆服务基本分为三个阶段，即文献服务、信息服务、知识服务。从这三个阶段可以看出，图书馆服务的质量是在稳步提升的，同时可以看出，图书馆服务从以前注重信息资源、数字技术等逐渐转变为越来越注重图书馆人的智慧。智慧图书馆是图书馆未来发展的必然趋势，图书馆服务从此也应该上升到一个全新的阶段，即智慧服务。

图书馆智慧服务的概念至今尚没有一个明确的说法，各学者都给出了自己的看法。经过归纳得出，智慧服务是以数字技术、图书馆智能、知识服务为基础的全新型图书馆服务理念。智慧服务是将文献与信息资源数字化，通过智能技术将用户所需的信息资源呈现在图书馆的各处，从而方便读者使用。它是运用创造性智慧对知识重新进行挖掘、整理和归纳，形成全新的知识增值产品，提倡用户对新的知识增值产品进行应用和创新，最后将知识转换成自己的智慧。智慧服务区别于普通的知识服务，其面向的对象是广大公众，满足公众的普遍需求。

二、高校图书馆个性化智慧服务模式整体架构

（一）总体框架

基于知识挖掘的个性化智慧服务模式的目标在于借助知识挖掘技术以及

管理思想，一方面对海量的馆藏资源进行深入的知识性挖掘和揭示，进行多重关联和聚类，建立资源知识库，以便于知识管理；另一方面，能够及时、准确地感知用户需求，并对用户需求进行合理的扩展，以提供针对性和主动性、个性化知识服务。总体上可以采用自上而下的设计方法，高校图书馆的个性化智慧服务模式可以划分为六个层面，分别是平台应用层、用户交互层、知识服务层、知识存储层、知识处理层、传输感知层。

1. 平台应用层。平台应用层是个性化智慧服务平台的应用支撑，包括 PC 平台和移动终端平台两大类型。其中，PC 平台即官方网站门户，用户通过浏览器输入网址即可进入官方网站。移动终端平台包括移动 App、WAP 网站以及微信公众号、支付宝生活号、微博账号、豆瓣网等其他社交应用。移动 App、微信公众号两种平台已在个性化服务中承担着重要的角色，其帮助用户在任何时间、任何地点享受图书馆集成服务，提供的服务内容也具有多样性和智慧性。微信公众平台服务虽起步晚于 App 服务，但近几年发展迅猛，已成为应用最为广泛、功能最为齐全的图书馆移动服务方式。微博服务由于自身功能的限制，多承担宣传互动的角色。

2. 用户交互层。用户交互，即用户通过服务平台，进行统一身份认证、注册登录、检索浏览、提问咨询、评价反馈等操作。平台根据用户定制或兴趣偏好，自动搜索知识库和资源数据库，推送或推荐知识给用户，或根据检索请求匹配用户需求的知识库和资源库，对用户查询意图、兴趣等进行推理和预测，为用户提供有效的查询结果。在人工服务中，馆员则根据用户提问，借助平台向用户反馈，与用户进行沟通交流。同时，馆员也对系统建设具有指导作用。

3. 知识服务层。该层是承接知识存储层和用户交互层的重要中间层，其向上提供接口，借助云计算、互联网、物联网技术等为用户的知识服务平台提供强大的计算处理和匹配支撑，其向下为知识存储层提供用户实际所需要的知识资源。服务对象为高校图书馆用户。服务内容主要包括四大模块，分别为：个性化智慧检索、个性化智慧推荐、个性化智慧参考咨询、个性化智慧互动服务。

4. 知识存储层。随着信息技术的发展，图书馆也步入了大数据时代，传统的信息搜索已无法满足用户的需求。海量的数据信息资源可以通过云存储统一存储在大数据资源库中，包括用户需求信息、行为信息、流通数据等结构化或非结构化数据，之后通过知识挖掘的方式，从中提炼有价值的知识并存储在知识库中，以供提供个性化知识服务时使用。知识库是存储、组织和处理知识以及提供知识服务的重要知识集合。每个知识库都具有不同特点、类型，有不同的知识内容和知识结构，它们彼此之间也相互关联。知识库可分为用户知识库、资源知识库以及其他知识库。

用户知识库是在大数据的支持下，通过对大量用户需求信息与行为信息进行挖掘分析，得出的用户显性需求、兴趣偏好以及隐性需求等用户特征或需求，并与用户行为进行关联分析后的知识，其不仅可以提高系统主动性服务的准确度和效率，超出用户预期效果，还可以辅助图书馆决策层针对用户需求趋势在图书馆管理与创新服务中做出决策。资源知识库即通过文本挖掘、Web挖掘等挖掘方式，提取资源特征以及资源之间的关联知识，形成知识网络。资源内容不仅包括藏书资源和文献、公开课等数字资源,也包括新闻动态、讲座信息、参考咨询等馆内业务的相关信息资源,同时包括网络动态信息以及共建共享资源。资源知识库按照提取知识的特点可划分为咨询知识库、文献知识库、题知识库、特色知识库、机构知识库等。

5. 知识处理层。知识处理层即将数据或信息通过知识挖掘算法转变为处理过程,并将知识存储在知识库中,主要包括数据采集、数据处理、资源协同、知识挖掘、交互及可视化。数据采集即利用数据采集设备,收集所要挖掘的数据,并建立目标数据集。数据处理包括批处理、图处理、流处理、交互式处理、群体识别等处理方法。资源协同包括集群调度、分布式协同、分布式通信。知识挖掘即选定挖掘算法,利用文本挖掘、Web 挖掘、机器学习、知识计算、社会计算等关键技术进行数据挖掘和分析,提取知识。交互与可视化包括人机交互数据可视化、用户画像等。

6. 传输感知层。传输感知层一方面为知识处理层提供数据支持,另一方面保证了个性化智慧服务层和应用层的高质量运行,增强了用户体验。移动互联网的出现改变了人们的生活方式,越来越多的用户倾向于使用移动设备获取知识资源和享受知识服务,其突破了传统图书馆在地域和时间上的限制。物联网技术帮助图书馆实现了全面感知和自动化管理,形成了人物相连、物物相连的智慧状态。监控设备、传感器、可穿戴设备、移动阅读终端、二维码扫描设备等可以完成用户数据信息采集工作,无线局域网络、网络、传感器网络、蓝牙网络、光纤网络等保证了数据的安全、快速、实时传输。科技的迅速发展给智慧服务带来了无限的发展可能,如情景感知技术使系统能够自动发现和利用位置、周围环境等情景信息的变化自动地做相应的改变和配置，为用户提供合适的服务。

（二）知识挖掘模式

个性化智慧服务模式的知识挖掘手段可分为四种方式：一种是基于用户的显性需求进行挖掘，从中提取其深度需求；一种是针对用户的行为数据进行挖掘，从中提取其隐性需求或兴趣特征；一种是针对馆藏资源进行挖掘，提取文献知识、咨询知识及关系等，形成知识网络。前两种挖掘的知识存储在用户知识库中，后一种存储在资源知识库中。这三种方式都属于定向挖掘，即根据用户需求或人为兴趣设定挖掘目标，将数据转换为知识。除此之外，还有一种是基于知识的挖掘，即系统通过搜索已有知识库中的"知识短缺"产生创建意向，进而挖掘知识中的知识，以弥补专家不可避免的思维局限。根据个性化服务特点以及知识挖掘的方式，个性化智慧服务模式可分为四大模块，分别是基于用户需求的个性化智慧检索、基于用户画像的个性化智慧推荐、以咨询知识库为中心的个性化智慧参考咨询，以及基于用户知识库的个性化智慧互动。基于用户需求的个性化智慧检索服务通过分析用户检索需求和行为，满足了用户的深度需求，提升了用户体验；基于用户画像的个性化智慧推荐有助于了解用户的真实需求，实现图书馆精准推荐服务；以咨询知识库为中心的个性化智慧参考咨询帮助图书馆实现了自助咨询，不仅提高了咨询效率，也促进了图书馆知识管理；基于用户知识库的个性化智慧互动通过了解用户需求、用户兴趣偏好、用户画像以及用户关系图语等用户知识，帮助馆员更有针对性地开展读者活动，增强活动效果和活动意义以及互动程度。

（三）知识挖掘处理流程与关键技术

知识挖掘的处理流程可分为如下六个步骤：确定应用领域→建立目标数据集→数据预处理→选定知识挖掘算法→知识解释与评价→知识库更新。其可能应用到的关键技术和方法包括神经元网络技术、遗传算法、决策树、统计学方法、集合论方法、规则推理、可视化技术等。

1. 确定应用领域：学习此领域内的基本知识，并确定实现目标。

2. 建立目标数据集：收集与提取挖掘所需数据，选择一个数据集或在多数据集的子集上聚焦。此数据集可包括源数据，也可以为知识库存储知识的数据化。

3. 数据预处理：包括数据清洗、数据集成、数据转换和数据归约，以保证数据的准确性和完整性以及可挖掘性。

4. 选定知识挖掘算法：用 KDD（Knowledge Discovery in Database，知识发现）过程中的准则，选择某个特定知识挖掘算法以用于搜索数据中的模式。

5. 知识解释与评价：运用可视化的方式对模式进行表示，形成用户可理解的知识，用预先、可信的知识检查和解决知识中可能存在的矛盾，挖掘知识的可用性和新颖性等，以保证这些知识是对用户有用的知识。

6. 知识库更新：将确定好的挖掘成果存储在知识库中。

（四）基于用户需求的个性化智慧检索服务

1. 模式设计。用户需求可包括用户的显性需求、模糊需求和隐性需求。对于检索而言，用户输入的检索表达式即为用户的显性需求，用户无法用检索表达式准确表达的需求即为模糊需求,用户尚未意识到的需求即为隐性需求。基于用户需求的个性化智慧检索重点在于可以记录和分析用户的搜索行为,对用户的查询计划、意图、兴趣等进行推理和预测,准确表达用户的模糊需求,深入挖掘用户隐性需求,在提高检索的查全率、准确率和有效性的同时,还可以提供搜索引导和知识推荐。本书系统构建了图书馆个性化智慧检索服务模式。在这个模式下,用户向平台发出检索请求,检索处理程序根据用户的检索需求,进行语义分析和兴趣提取以及启发拓展,自动生成检索策略,对馆内外资源进行采集和知识发现,生成索引库和知识库,将匹配的检索结果和信息推荐以及知识拓展通过平台交互一起呈现给用户。检索过程还可以与用户知识库进行交互,以不断反馈和调整。检索系统还提供检索帮助和检索反馈,为用户提供与系统友好互动的渠道。图书馆个性化智慧检索相对传统信息检索方式而言,显示出更为个性化,更具互动性、智能性和灵活性等用户欢迎的特性。

2. 服务内容。个性化智慧检索服务的内容包括:

(1)个性化智能导航。根据用户多样化检索需求,按照文献类型、学科主题、数据库分类等建立信息资源导航库。这个整合的导航库里只是存储相关信息的索引数据和URL(Uniform Resource Locator,统一资源定位系统)地址。同时,通过挖掘分析用户的检索行为数据,该导航库应该根据不同用户的检索习惯和潜在需求,实现用户对检索方式、检索策略、检索结果、检索内容的定制服务。其中,检索内容可依靠RSS(Really Simple Syndication,简易信息聚合)订阅。

（2）个性化语义检索。搜索引擎不再拘泥于传统关键词搜索，而是基于语义网技术，从语义层面识别用户的检索语句到准确地捕捉和组织并通过逻辑推理实现资源和知识的检索，从而更准确地向用户反馈最符合其需求的搜索结果。个性化语义检索要求图书馆通过语义关联技术对馆内外资源进行重新组合和整合，实现统一检索。

（3）个性化检索推荐。检索推荐是在检索系统之下提供的推荐服务。系统一方面根据用户的检索习惯和兴趣偏好，在用户输入检索词时为用户提供热门搜索词或用户可能感兴趣的搜索词，主动为用户提供导引；另一方面，在检索之后，根据用户兴趣为用户提供相似主题的推荐书目或者潜在兴趣的书籍等内容。

（4）个性化社交互动。把豆瓣网、微博等社交工具链接到检索内容下，使用户可以查看该书籍的相关豆瓣评论、微博评论等，实现与外部用户的沟通；还可以通过其他浏览器插件，实现添加标签、评论、收藏等系统内部互动。

（5）个性化智能代理。引入智能代理技术，通过智能代理器自动为用户搜集、索引、过滤相关信息网，省去人工干预，还可以主动构建用户模型，为用户推荐感兴趣的信息，具有自主学习性和高度智能性。

（6）个性化检索知识拓展。系统通过知识挖掘，为用户提供检索资源之外的可视化知识，辅助用户检索，如借阅关系图、检索数据统计图、检索建议等。

除上述服务内容外，个性化智慧检索服务还可以通过微信、App 客户端、WAP 网站实现移动端检索，跨越时间和地域的阻碍，并利用移动互联网技术的优势，拓展网站系统检索的功能。二维码技术可以帮助用户将检索结果传递到手机客户端以及辅助用户找书等。在信息资源组织上,个性化智慧检索服务表现出整合集群的特点,实现统一检索以及区域联盟检索。

(五)基于用户画像的个性化智慧推荐服务

1.用户画像的建立。当前的推荐服务主要包括静态推荐、动态推荐以及个性化推荐,但服务现状却存在智慧程度不高、发展受限等问题。本节将根据调研现状,设计个性化智慧推荐模式,构建以用户画像为核心的个性化推荐。用户画像可以描述为一个从海量数据中获取的,由用户需求、偏好等信息构成的形象集合。用户画像作为大数据时代实现精准营销及服务的应用方法之一,已被广泛应用于计算机领域和电商领域。构建用户画像,有助于了解用户的真实需求,并为其匹配推送资源,从而实现图书馆精准服务。这里采用建立标签体系的方式构建用户画像。用户画像的构建是一个需要长期逐步完善的过程,其需要收集整合用户静态数据(包括姓名、年龄、学历、读者证账号等属性特征且数据相对稳定)和动态行为数据(包括借阅数据、检索数据、下载数据、阅读数据、社交活动数据、咨询数据等),将其存储在数据库中。用户数据采集包括用户与系统平台(网站门户、微信平台、移动App等)交互产生的数据以及用户信息采集设备(监控设备、传感器、可穿戴设备等)收集到的数据,表现为文本、图片、视频、位置信息、时空数据等多种数据类型。之后对用户数据进行统计、聚类、关联等深度挖掘分析和有效表达,为每个用户贴上标签。通过建立标签模型,可以进一步挖掘出用户个体特征和群体特征向量,以及用户之间的关系图谱,最终以可视化形式展示出来。同时,由于用户的兴趣由长期兴趣和短期兴趣组成,因此,用户画像也需要根据需求、偏好的变化动态地更新，而不是固定不变的。

2.推荐服务模式设计。目前，图书馆常用的个性化推荐技术有协同过滤技术、基于内容的推荐技术等，但这些技术存在着数据稀疏性问题，欠缺对用户深度特征的刻画和整体特征的把握。本书设计的推荐服务模式的核心是构建用户画像，利用用户特征与资源特征进行匹配，从而主动为用户推送相关知识或资源。其与检索服务下的信息推荐有所不同，该服务可以不以用户提交的需求为前提，而是由推荐系统通过借助信息过滤、知识发现等技术，基于用户的大量行为数据，自动提取用户需求特征，以提供给用户可能需要的信息。个性化智慧推荐依靠推荐系统、用户数据库以及资源库和知识库为用户提供推荐服务，并提供用户反馈机制，以更好地完善用户画像，保证推荐服务的准确性。一方面，需要提取资源库中资源的属性特征以及主题特征等，并建立资源特征模型，后形成资源集；另一方面，需要对用户数据进行挖掘，通过标签化处理构建用户画像，由推荐系统根据推荐算法匹配用户偏好以及资源主题，最终使用户对应其可能感兴趣的资源集，以此完成推荐。构建的用户画像以及资源的特征信息和关联信息属于知识类型，因此可分别组织存储在用户知识库和资源知识库中，以便于系统直接调取和更新迭代，还可作为图书馆馆员的决策参考。推荐结果的展示通过系统平台，如官网门户、移动端平台推送给用户。为了提高用户的参与度与推荐的精准度，还可设置用户反馈机制。对于推送的资源，用户可以选择喜欢或不喜欢，系统则根据用户的反馈自动校正推荐算法。用户还可选择提交感兴趣的资源主题，以帮助系统完善用户画像。

3. 服务内容。从用户特点来看，个性化智慧推荐服务可划分为单用户的个性化推荐和群体用户的个性化推荐。通过对大量用户行为数据的分析，就会发现单一用户具有独特性和无规律性，但通过相似性计算会发现，某一类用户因为兴趣偏好、年龄阶段或研究领域等相似而表现出群体特征。图书馆在为单用户提供个性化推荐之外，还应针对不同群体的差异特点，实现服务内容的精细划分，开展有针对性的推荐服务，从而降低管理成本，提高用户服务质量。超过半数图书馆在网站首页设置资源推荐栏目，但是只存在静态推荐和动态推荐，个性化推荐仅限于检索系统下，这显然降低了用户体验效果。因而，图书馆在资源推荐栏目下除静态推荐和动态推荐外，还应提供个性化智慧推荐服务。

（六）基于用户知识库的个性化智慧互动服务

1. 模式设计。智慧图书馆是个性互动的图书馆，互动服务存在于图书馆服务中的每一个环节。高校图书馆作为文化传播和社会教育的重要机构，是引领和推进全民阅读的最主要、最有力的组织之一，而社区互动则是推广全民阅读的重要手段。移动互联网下的 SoLoMo（Social、Local、Mobile，社交的、本地的、移动的）模式的提出，为图书馆互动服务提出了新的构想。为此，本书构建的个性化智慧互动服务模式，主要基于用户知识库，定位读者需求和趋势，开展针对性的社区互动活动和个性化推送阅读。互动方式可以分为用户与图书馆的互动、用户与馆员、馆员与馆员、用户与用户之间的互动。这里的智慧互动服务平台以网站社区互动平台为主，以 SoLoMo 模式为辅，具有开放性、个性化、智能化、本地化的特点。该平台不仅仅是发布名家讲坛、知识竞赛、读者培训、公益活动等服务项目的中心，更是一个社区互动服务平台，为不同身份的用户打造全方位交流与共享的环境，提高了资源的利用率，促进了全民阅读，增加了用户对平台的依赖。

2. 模式特点。

（1）开放性。该平台支持移动互联网、社交平台的接入方式，体现了互动服务方式的多元化。用户可以根据自己的习惯，登录活动服务平台，实现PC端与移动端的互联，并通过开放的社交模式，在该平台中实现交友、分享和互动，通过报名参与现场活动，促进虚拟与现实、线上与线下之间的互动。开放的平台不仅改变了用户与图书馆的交流方式，也拉近了他们之间的距离，降低了图书馆的宣传成本和沟通成本。最重要的是，通过智慧图书馆的移动互联技术方法和社交新媒体的载体平台，实现了跨时空的在线阅读和服务，保障了用户便捷、公平地享受高校图书馆的文化服务。互动空间和创客空间则为用户提供了线下互动交流的空间。创客空间突破了传统图书馆的定义，成为图书馆的"创业孵化地"。

社交性学习与交流使图书馆不再只是一个简单的读书阅览场所，而成为人与人、人与信息自由交流的空间。

（2）个性化。用户知识库的建立对图书馆策划活动内容以及优化改进服务方式起到了参考决策作用。图书馆可以根据用户需求知识划分读者群，利用互动服务平台建立专题活动，或者实现基于读者群的个性化阅读推送，提高活动的精准度和满意度，同时降低个性化服务的管理成本，还可以根据用户行为反馈，针对用户知识短缺提供相关培训等。另外，图书馆还应根据用户的个性化定制以及偏好、情景信息，利用互动服务平台提供个性化的阅读推荐服务。除此之外，互动平台个人空间也是个性化互动服务的重要部分，用户可通过关注、点赞、评论、报名等参与活动，查看参与活动历史信息以及管理个人活动信息等。

（3）智能化。人工智能时代，机器人技术的发展为智慧图书馆的建设带来了新的机遇。如上海图书馆"图小灵"，湖北省图书馆的智能机器人，可为用户提供信息咨询和检索服务，不仅为一线馆员减轻了咨询负担，更增加了用户与图书馆互动的趣味性，尤其受到青少年读者的欢迎与青睐。除此之外，VR虚拟体验、3D智能打印、智能电视、自助图书馆等智能设备也已逐步融入图书馆与用户的互动活动之中，带给用户更多的文化科技体验。无障碍数字图书馆、无障碍阅读设备、无障碍阅览室等也为残疾人带来了便捷的文化生活。图书馆个性化智慧服务平台还应建立信息智能推送规范，如App提醒、站内信、手机短信、E-mail推送，实现图书馆与用户的交互。

（4）本地化。基于位置的服务是使用定位技术通过移动终端设备感应获取用户位置信息，提供与位置相关的各种信息服务。目前，国内外图书馆已存在的位置服务有图书馆导航与指引服务、用户与资源定位导航、自动签到、基于位置的信息推荐、基于位置的社区交流、读者数据实时分析等。基于位置的服务是智慧图书馆实现用户与资源、空间的立体互联、全面感知的重要组成部分，为用户带来了更加便捷的借阅体验和互动交流。

第三节　高校图书馆微信公众号服务平台的设计

一、相关技术基础

基于微信公众号的图书馆服务平台虽然集成了微信平台所提供的相应的工具和接口，但是在后台功能研发以及前台具体业务的处理方面还是需要使用到很多的技术和工具，下面就对采用的 Java 编程语言、微信公众号以及 MySQL 数据库进行简单的说明。

（一）Java 语言

在软件编程开发中，Java 语言一直是其中的佼佼者。作为一种高级编程语言，Java 是由 SUN 公司推出的，可以在几乎所有操作系统中运行相应的程序。这是因为基于 Java 语言的开发程序在编程以后就会转变成对应的 class 文件（字节码文件），并且通过 JVM (Java Virtual Machine，Java 虚拟机) 的中间平台处理，实现了不同操作系统的兼容性。这是一种良好的面向对象编程语言，支持所有面向对象开发的特性，可以构建类和对象，并在程序中提升系统开发效率。如今，在全世界面向对象开发中，Java 是其中非常成功的高级开发语言，可以完成面向 B/S 架构的系统和桌面系统，同时支持面向安卓（Android）端的开发 API（应用程序编程接口）。该编程语言特点突出，表现在以下几方面。

1.纯面向对象程序语言。这是一种纯粹的面向对象的编程语言，它把开发程序中的所有事物看作对象处理，实现对万事万物的抽象而形成具有共同特征的类，从而构建 Class 类，并通过类的实例化对象处理，形成继承、封装和多态。它在继承上支持单继承编程处理，并通过接口的实现达到子类的多样化实现。

2. 良好的安全性。在程序语言中通过多种思想保证了程序开发的安全性，尤其消除了在 C++ 语言中指针方面被认为不安全的编程，从而使得程序的执行更加安全。随着 Java Web 的开发以及互联网应用程序的增多，编程语言的安全性对系统来说至关重要，因此在 Java 编程技术上，相关的安全机制也在同步提升，这为网络中程序的运行提供了支持。

3. 兼容多种操作系统。可以在所有操作系统上配置 Java 环境和运行 Java 程序，因此 Java 实现了程序的一次编码处处可以运行，使开发的程序可以在多个系统之间实现灵活的移植和切换。

4. 编程垃圾自动回收。这是相比传统面向对象编程的一大特点，去除了 C++ 语言中需要编程人员进行垃圾处理的编程机制，通过 Java 程序自身完成垃圾的回收处理，不需要编程人员参与，不仅有效地提升了程序的安全性，也使得程序的运行效率和占用空间得到了显著提升。

5. 支持多线程。在 Java 的发展中，支持多线程开发可以使得程序的运行效率得到保障。在 Java 语言中，可以通过两种方式进行线程的构建，一种方式是借助 Runnable 接口实现多线程编程，并形成相应的子类处理方法；另一种方式是借助 Thread 类所产生的派生类进行多线程编程，通过 run 方法进行方法重写，然后达到多线程开发的目的。而在实际的多线程编程中，往往需要借助多种措施进行实现，从而使得程序的同步执行效果得到保障。尤其在一些多任务处理的面向对象编程中,通过多线程的实现使得任务得到了良好的同步处理。

6. 支持分布式程序开发。该语言具有良好的分布式程序开发特点,可以借助多种方式来实现,包括 RMI（Remote Method Invocation,远程方法调用）方法、借助套接字编程以及 URL 编程等。在互联网快速发展的今天,实现程序的分布式开发意义重大,而 Java 语言在分布式开发中优势明显。它通过这种方式实现了系统的功能细分、业务细化,也使系统的可维护性和可靠性得到了提升。

（二）微信公众号

在移动互联网时代,一些移动聊天工具得到了快速的发展。腾讯公司继推出 QQ 之后,又推出微信这一创新产品。一开始的时候,微信的推出只是用于日常的沟通和交流,但随着信息技术的不断发展,基于微信平台的服务模式不断被推出,腾讯公司为了满足日常的市场需要,不断地对微信进行升级改造,使得微信的功能越来越强大。目前,微信除了具有交流功能之外,还增加了一些附加功能,比如,为开发人员提供服务接口,可以通过微信公众号来实现应用程序的编写和应用。

基于微信公众平台的应用程序的使用具有非常明显的优势,只需要通过微信关注相应的微信公众号即可,而不需要下载相应的安装程序,所以对智能手机的空间以及运行环境要求非常低。不仅如此,经过后台的设置以及用户的个性化设置之后,系统可以对用户进行个性化的信息推送,用户可以随时随地进行查看。微信公众号还提供多种形式的信息显示,以满足用户的信息直观查看需求。

为了满足不同的研发需要，微信平台向研发人员提供了两种服务模式，分别是订阅号模式和服务号模式。这两种服务模式是根据服务对象的不同而划分的，订阅号针对的是个人用户，而服务号针对的是企业用户。订阅号可以无限制地免费推送文章和信息，而服务号免费推送的文章或信息有限，但服务号在其他的功能方面拥有的权限却远远大于订阅号。对于一个企业而言，如果要使用服务号进行服务推广，可以对申请的服务号进行认证，通过认证之后的服务号在信息推送方面也就没有了限制。

微信平台根据操作系统的不同提供了不同的开发接口，这样可以满足不同的智能手机操作系统的需要。微信平台的自定义回复、自定义菜单虽然已经非常成熟和完善，但在个性化需求方面可能还需要进行改进。开发人员可以通过设置关闭微信平台的这些自带功能，对这些功能进行自定义开发，提高应用程序的实用性。

微信公众平台的客户端与服务端之间的交互是通过XML（Extensible Markup Language，可扩展标记语言）数据包的形式进行的。当客户端有操作请求的时候，客户端会将请求信息封装成XML数据包的形式，通过配置好的URL将数据包发送给服务器端；服务器端接收到请求信息之后，将XML数据包进行解密处理，获取具体的请求，调用业务层的相关方法进行处理，并将处理后的结果再以XML数据包的形式反馈给客户端，实现前台和后台的交互。

(三) MySQL 数据库

在关系型数据库管理系统中，MySQL 数据库是其中一款非常受欢迎的产品。该产品最早由瑞典的一个公司开发，目前是 Oracle 公司下的一款产品。在数据库的发展过程中，虽然该数据库没有 Oracle 以及 SQL Server 数据库的一些优势，但在企业级应用中已经完全能够满足一般中型系统的应用。目前，MySQL 数据库源码开源，这对该数据库管理系统的发展起到了重要作用。而且，其在数据库的应用上是免费的，可以让一些机构用最小的投入实现最大的应用价值。

一般来讲，MySQL 数据库管理系统体积非常小，这在当下数据库管理系统普遍都在增大体积的环境下难能可贵，而且通过该数据库能够实现很快速的数据检索，加之其在成本上的优势，确保了该数据库管理系统在当前流行的大型数据库管理系统中仍然能够占据重要的地位。MySQL 数据库在操作语言上采用了标准的结构化查询语言，使得开发人员在实际应用时较为方便。这种便捷的使用特点以及快速响应速率和数据库的结构密不可分。此外，该数据库管理系统还体现了以下显著特点：

1. SQL 已经进行了优化，确保使用该数据库时系统访问速度更快、效率更高。

2. 该数据库管理系统可以兼容多种操作系统，比如安全性较高的 Linux、Solaris、最广泛的操作系统 Windows 以及其他一些操作系统。

3. 该数据库管理系统为多种开发语言提供了 API 接口，包括 Java、C++ 以及 PHP（超文本预处理器）等。

4.在有千万条记录的大型数据库中拥有良好的支撑作用。

5.数据库管理工具较好,能够方便地对数据库进行优化、管理等。

6.多线程支持等。

总之,该数据库管理系统有许多的优点和特点。在进行 Java 开发时,无论是桌面系统还是 Web 应用程序,后台数据库使用 MySQL 的软件都有很多,随着开发源的继续,越来优秀的 MySQL 数据库会得到更好的发展,而因其自身的完善,该数据库在安全性上也会逐渐提升。在本系统的开发中,也可以充分利用 MySQL 自身的安全性管理,同时集合系统中的一些措施,使系统很好地满足软件对于网络访问安全性的需要。

(四)微服务

微服务(Microservice)架构是随着移动互联网发展而提出的一种概念。所谓微服务,就是将整个应用程序作为一种小型服务进行开发的过程。每一个微服务对应一个进程,进程所占的内存是非常小的。微服务在业务处理过程中是采用 API 进行通信的,这种轻量级的通信机制节省了很多的资源。所有的服务都是围绕具体的业务处理而进行的,可以按照实际的需要对这些服务进行独立的部署设置。不同的微服务可以使用不同的开发环境、编程语言进行开发,不仅如此,还可以使用不同的数据库管理系统实现对业务数据的存储管理。

微服务在具体的设计与实现过程中是需要与相应的业务进行匹配的,如果不能够与业务进行匹配,则没有任何意义。在对微服务进行设计的时候,采用的是组件的形式,最终需要将这些组件进行集成处理。而对这些组件进行集成处理的时候，这些组件往往会发生变化，这与服务粒度粗细是有关系的。服务粒度越细，变化的程度也就会越小，能够灵活地降低各种负载影响。在使用微服务的时候，一定要注意权衡利弊，尤其要考虑基础设施的配置问题。

微服务的基本思想就是实现实际的业务组件的封装处理，通过应用封装，不仅可以提高研发效率，而且利于应用的集成和优化改进。目前，很多单位为了能够得到用户的认可、能够稳定持续地发展，都在不断地扩展自己的业务范围，针对不同的业务封装不同的组件。这些组件是分散的，但在应用中又是统一集成的。使用微服务可以将这些分散的组件进行快速集成，便于应用的部署。微服务实际上是对业务的一种分解，根据实际业务的需要对整体业务进行细小的分解，然后对每一个分解后的业务进行 API 设计，最终再将这些 API 进行集成。使用微服务不仅可以提高软件开发效率，而且能够为用户提供微服务，使前台的运行占用资源降到最低，给用户一种良好的体验。

二、系统需求分析

图书馆服务平台就是为了解决学校在图书馆服务方面存在的问题而提出的，应用背景比较明确，用户比较固定，所以在对平台展开具体的设计与研发之前，必须针对具体的用户进行详细的需求调研和分析。下面介绍的就是对用户的需求进行调研分析后，总结得出的系统的功能需求和性能需求。

（一）系统概述

目前，许多微信端的应用已经得到了更多用户的认可，借助微信公众号建立图书馆服务平台既可以更好地为广大用户提供服务，又彰显了时代发展特点，是传统图书馆管理向现代图书馆服务发展的新方向。在基于微信公众号的图书馆服务平台上，基本功能有后台的系统管理功能和前端的信息显示功能，同时结合微信服务的自由交流和个性化服务功能，使得图书馆用户与图书馆服务人员的交流更加直接、表达方式更加多样，也使得图书馆用户的信息获取更加直观清晰。

在本系统开发中，为了能够更好地利用目前图书馆已经存在的相关资源，可通过系统程序接口获取图书馆中的数据库资源，并在微信公众号平台上形成数据共享，同时借助微信平台的后台管理功能实现整个系统前后台数据的同步。具体而言，包括了后台的系统管理功能、系统账号管理功能、系统功能自定义菜单管理、用户订阅管理、用户的自动回复定义管理等内容。而在系统前台，则是通过微信端实现对入馆须知的宣传，对图书馆用户信息的个性化推荐，对图书馆使用借阅卡的绑定解除，对图书馆馆藏信息的查询以及对图书借阅信息的在线管理功能，同时可以实现对图书馆内的电子信息、电子资源以及电子期刊信息进行浏览查阅。微信公众号图书馆服务中最具特色的服务是实现了图书馆用户座位预定、在线学习以及公告信息直接获取，还可以实现微信端问题直接问答。该平台系统是一个综合性的公众号图书资源服务系统，包括计算机端的管理平台，也包括微信公众号端的个性化服务系统，通过该系统既实现了对图书馆已有资源的充分利用，又有效提升了图书馆整体的管理形象，彰显了图书馆管理与时俱进、不断创新的理念。

本系统旨在为广大图书馆使用者提供更加便利的资源共享方式，同时为图书馆管理人员提供更加便捷的管理方式。

（二）后台管理需求分析

在基于微信公众号的图书馆服务平台中，数据的来源由后台管理实现，涉及的系统功能包括系统管理、账号信息管理、用户订阅管理、系统自定义菜单、系统自动回复以及图书馆平台运营数据的统计分析等功能，通过实现这些功能最终实现系统个性化管理。

1.系统管理需求分析。为了能够提高管理人员的维护管理效率，图书馆微信服务平台系统在开发过程中专门设置了系统管理模块，用于实现系统用户管理、角色管理、安全登录管理以及数据日志管理等。

（1）用户管理。在管理功能中，首先完成对系统用户的管理，包括读者用户、管理用户，对用户进行授权、收回权限，对毕业学生进行用户冻结或者删除等。

（2）角色管理。该功能实现的是对用户进行授权管理，针对用户数量众多的特点，系统提供了分类管理功能，也就是根据需要分类并对用户进行角色授权，确保用户可以操作相应的功能菜单，从而达到对用户登录系统和操作功能的安全性管理。

（3）权限管理。该功能主要是根据需要建立新的系统功能模块，并对这些模块名称、地址等进行管理，确保用户具有对系统管理的权限或者使用的权限等。

（4）日志管理。该功能对系统的操作日志进行记录保存，以便能够在系统发生问题的时候查询维护。日志记录支持查询，由系统自动记录并保存到数据库中。

（5）数据库管理。该功能能够借助系统功能实现对远程数据的备份管理，按照时间进行数据库备份文件保存，实现数据管理的有效性、安全性。

2. 账号管理需求分析。当学生需要使用微信图书馆服务平台分享信息的时候，如果学生已经拥有了微信账号，可以将自己的微信账号与图书馆服务平台进行绑定；如果学生没有账号，需要进行账号的注册。所以，对于该服务平台而言，需要调用微信平台所提供的服务接口。因为图书馆服务平台只是针对校内的师生提供信息服务，当用户进行账号绑定的时候，图书馆管理人员需要对其进行审核，避免非法用户的注册绑定给平台带来安全隐患。

3. 订阅管理需求分析。对于图书馆而言，不仅需要向在校师生提供相应的图书信息，而且需要提供一些附加信息；这些附加信息都是通过订阅号的形式发布的。针对不同服务类型设置不同的订阅号，学生和教师可以根据自己的实际情况，选择相应的订阅号进行订阅。订阅功能与平台进行对接，需要对相应的接口进行设置，所以在该业务处理过程中需要提供接口管理的功能。用户想要及时地获取订阅号所推送的相关信息，可以根据自己的需要进行定时设置，这样，当收到订阅信息的时候，系统就会在规定的时间段内自动发送提醒信息给客户端用户。

4. 自定义菜单需求分析。图书馆的信息服务都是根据实际的教学任务需要而制订的，当教学任务发生变化的时候，图书馆服务平台也需要进行服务和功能的调整。为了便于系统维护，管理系统需要提供自定义菜单的功能。系统管理员可以根据实际的业务和服务需要，对菜单列表进行自定义设置。在微信服务平台，相关的服务信息都是通过系统自动推送的，所以系统还需要提供关键字绑定以及相应的回复信息的绑定设置,当自动回复的信息包含有 URL 信息的时候,还需要对 URL 信息进行相应的绑定处理。

5. 自定义回复需求分析。图书馆服务平台将所需要推送的服务信息设置完成之后,很多的服务信息就可以通过自定义回复的形式推送给前台的用户。要想实现这种智能化的信息推送,就必须在后台进行自定义回复设置。不同的信息所针对的回复关键字是不一样的,而且针对不同的关键字采用不同的匹配方式时,所匹配到的结果信息也是不相同的。所以,系统管理员在进行匹配设置的时候,也要根据实际的情况设置好合理的匹配模式。针对不同的回复信息所需要遵循的格式要求也是不一样的,系统管理员也需要对回复内容的格式进行标准和规范设置。只有将以上的基础工作完成之后,自定义回复功能才能为用户提供准确的信息服务。

6. 业务统计需求分析。图书馆服务平台在日常的业务处理过程中,将会搜集到很多的业务数据信息,图书馆管理人员可以通过对这些数据的分析,了解图书馆的藏书情况是否能够满足用户的实际需要。在对数据进行统计分析的时候,可以按照七日数据进行统计,也可以按照月度数据、季度数据或者年度数据进行统计分析,系统要支持这些统计分析功能。当得到统计分析结果之后,为了给相关部门的决策提供参考,可以对这些统计数据结果进行打印或者是导出操作。所以,在统计分析结果显示界面,系统要提供打印和导出功能。

(三)前台服务需求分析

系统最终是为前台用户提供信息服务的,所以前台服务的需求分析是至关重要的。在系统前台，不仅需要为在校的学生提供图书馆的服务信息，而且需要为在校教师提供图书馆的服务信息，所以，在前台服务功能需求分析的过程中，需要对这些实际的用户进行详细的需求调研和分析。

1.图书馆需求分析。在校师生将自己的微信号与图书馆服务平台进行绑定之后，可以通过服务平台查看自己的借阅信息；借阅卡中包含了用户所有的借阅记录。所以，平台就需要支持借阅卡的绑定，只有绑定了具体的借阅卡，才能够获取到具体的借阅信息。

（1）绑/解借阅卡。平台的用户通过图书馆服务平台登录之后，可以将自己的借阅卡云平台账号进行绑定，绑定完成之后就可以查看相应的借阅信息。如果不想将自己的借阅卡进行绑定，可以对其进行解绑处理。

（2）馆藏查询。当用户需要查询某一个图书信息的时候，可以通过图书名、ISBN号、作者等关键字进行图书的信息查询。为了方便用户在图书馆内进行相应图书的检索查找，在场馆查询功能中，需要给出图书在图书馆的存放位置以及类别信息。

（3）借阅/续借管理。用户通过借阅卡在图书馆内产生了借阅信息之后，所有将借阅卡绑定平台的用户都可以通过平台查看相应的借阅信息。图书馆管理人员将相应的借阅规则维护完成之后，系统就会自动地判断用户的借阅是否已经到期。如果接近期限，平台就会将提醒信息推送给前台用户，这样，前台用户就可以进行续借或者是归还处理。

（4）读者荐读。平台用户从图书馆借阅了图书之后，如果感觉图书对自己的帮助很大，是值得阅读的图书，可以通过平台进行该图书的推荐。这样，当需要该类图书的用户进行该类图书的检索的时候，平台就会将这些被推荐的图书信息推送给前台用户。

（5）入馆须知。为了维持图书馆的规范化管理，所有进出图书馆的师生都必须严格地按照图书馆的管理制度进行业务处理。为了方便每一个用户详细地了解图书馆的管理制度，前台服务模块要提供入馆须知查看功能。

2. 微资源管理需求分析。图书馆除了向在校师生提供图书借阅服务，还可以根据日常教学任务，为教师提供相应的微资源服务。图书馆可以将网络上的相应的资源进行整合，形成微资源中心，为用户提供微资源查看和下载服务，满足教师日常的教学需要。

（1）电子期刊。随着电子信息化时代的到来，每一个期刊都形成了自己的电子期刊栏目。

（2）电子报刊。与电子期刊一样，电子报刊主要就是将日常的一些比较有名的报刊所推送的相关信息集成到系统中，满足用户的报刊需求。

（3）资源动态。网络中的信息资源是不断发生变化的。对于每种期刊和报刊而言，它们每天都在不断地更新自己的资源库，该平台在对接方面也需要进行实时更新，确保将最新的资源动态推送给用户，使学校的教师和学生能够走在时代的前沿。

（4）移动电子资源。图书馆信息服务平台在使用的过程中，可能会涉及一些图书的阅读软件或者是下载工具，所以，系统还需要将这些相关的电子资源进行整合，并推送给用户，便于用户下载使用。

（四）非功能需求分析

经过对图书馆服务平台功能探讨和用户需求的充分了解后，我们明确了在本系统开发中需要通过技术的保障、功能的完善和服务器端的安全配置来实现系统的应用。具体来说，需要在系统开发过程中做好以下几方面工作，以确保系统在非功能方面的要求，满足用户基本的应用需求。

1.实现系统中数据的安全保存。这是应用系统开发过程中需要重点关注的问题，因为系统中存放了较多的在校学生信息、学生的阅读习惯、学生在图书馆的活动轨迹、图书馆的藏书情况以及某学院向学生提供的一些微服务等，如果这些信息被非法用户非法获取，无疑将影响到某学院的信誉，也泄露了在校师生的个人隐私。因此，应该加强系统中数据管理的安全性。这可以通过在系统中部署安全防护策略、登录用户严格验证以及对不同用户进行严格授权来实现。

2.系统中数据处理的高效性。系统运行过程中涉及多种日常培训业务的处理，因此，在处理过程中要保证系统的整体运行效率，把系统的数据并发处理，使系统对用户的响应能力得到显著提升。采取优化软件、增加硬件设备以及建立服务器集群等方式，确保系统的真实业务处理效果。在系统响应指标上，应该保证0.5秒以内的系统响应速度，这样才能确保图书馆微服务业务的顺利开展。

3.系统界面设计要与教育行业应用系统的风格保持一致。整体界面设计要保持现行系统的界面样式，严格按照地方教育局的现行运行系统风格来设计。当界面设计工作结束以后，要和有关部门进行对接，在整个系统界面设计得到确认以后再进行具体的编码实践。

4.其他性能需求。平均响应时间应该在 0.5 秒以内,支持并发用户数量 500 人以上,CPU 占用率低于 35%。

三、面向图书馆微信服务平台的设计

(一)系统物理框架设计

微信用户使用微信公众号进行操作请求,微信服务器作为信息中转站进行请求转发和响应转发,图书馆微信服务平台提供与图书馆服务器对接和用户请求的逻辑处理。

(二)系统业务逻辑框架设计

系统业务逻辑框架自下向上分为资源层、服务层、应用层和接入层。业务逻辑框架的规划:以资源层作为基础支撑,服务层和应用层为平台核心部分,通过接入层实现微信公众号的接入,为图书馆读者提供高质量的服务。整个系统每个层次都接入系统安全和运行监控日志管理,为系统提供安全服务。

(三)系统功能框架设计

用户微信管理系统共包括微信公众号管理、订阅欢迎语管理、自定义菜单管理、自定义回复管理、运营统计五大模块。

平台管理系统是提供给管理员或者超级管理员使用的后台,功能包括系统配置、用户配置、管理员管理、用户管理、行为日志管理、数据备份与恢复等。

四、系统数据库设计

（一）数据模型设计

微信智能回复管理用于管理自定义指定关键字回复，可以新增、修改和删除关键字内容。提供自定义回复的内容格式有：文本回复、图文回复、多图文回复。关键字提供完全匹配、模糊匹配、左边匹配和右边匹配四种模式配置，同时可通过文本编辑工具对内容进行编辑。

关键字包括的字段有主键 id、关键字、Token、关键词所属插件、插件表里的 ID 值、创建时间、关键词长度、匹配类型、文本扩展、数字扩展和请求数的记录等。

智能回复库记录的表有文本记录表、图文记录表和多图文索引记录表。

用户管理内容包括：查看、新增、删除、启用/禁用某管理员用户信息，同时可以对其最大可创建公众号数进行限定以及登录次数、最后登录时间和 IP 查看。用户记录表记录所有用户，其中用户分类有普通用户、管理员和超级管理员，普通用户和管理员都有对应的权限。

平台系统中需要记录订阅用户、动作记录和对应动作，还有关于平台设置、图片、文件和 URL 存储记录。另外，平台相关的运营统计存储在一张单独数据表中。

微信自定义菜单管理用于管理微信公众号低栏菜单，可以控制生成三栏共 15 项的微信二级菜单，同时可以进行菜单关键字绑定、与系统自动回复功能绑定以及绑定 URL 访问地址。

（二）数据库表结构设计

在设计数据库表的时候，首先要考虑设计能满足功能需求，这是最根本的，其次是满足性能需求，最后则是满足扩展性需求，这一点在大规模系统中是必须考虑的。数据库表设计原则：设计精简合理的结构、减小数据量存储。

1.合理利用字段类型和长度。字段类型尽可能反映真实的数据含义，在满足功能的前提下，字段应该尽可能短。比如，能用 int 字段的就不要用 bigint，如果在某一个关系表里只有两个 id 字段，那么 bigint 类型显然比 int 类型大了一倍。在不同的数据库系统里面，varchar 和 text 类型在数据长度限制上不一样，性能上也不一样，选取要谨慎。标记位字段如果有 bit 就用 bit 类型，否则就用 byte，用 int 就很浪费了。

2.要选取高效的主键和索引。关于主键的选取需要特别注意，因为对表中数据的读取都会直接或间接通过主键，所以应该根据应用的特性设计满足最接近数据存取顺序的主键。例如，数据读取按照 r1、r2、r3 的顺序，那么它们的主键也最好是 1、2、3 的顺序。有些开发者会在关系表里面另外加一个主键字段，笔者认为这样比较浪费空间，用关系 ID 作为联合主键更合理。

索引的大小基本上由字段来决定，所以需要建立索引的字段应该简化到最小。如果碰到有些字段必须建立索引却又不能简化的情况，可以用 Hash 算法计算出较小的值作为索引。例如，url 字段不适合做索引，但是可以用一个 urlmd5 字段来存储 url 的 md5 值来作为索引，这样能有效降低键值长度。

3.减小数据量。除了缩小字段长度减小数据量外，数据压缩也是一个行之有效的办法。目前，有些数据库引擎支持自动压缩，相当方便，否则要自行通过程序压缩或解压。对于较长的文章、帖子,压缩会显著提升性能。还需要注意的是,压缩只会增加长度,压缩过的内容无法再压缩。

4.适当采用冗余字段。笔者在设计的大部分表里面是没有使用冗余字段的,并不是说冗余字段不好,而是目前通过缓存系统可以适当代替冗余字段的好处。冗余字段主要是为了避免多次关联的查询,但是如果关联数据很容易被缓存,那么查询出主要数据后,关联数据直接从缓存中读取,这样冗余字段方案就可以被替代了。但是,在缓存不利的情况下,冗余字段确实是提升性能行之有效的办法。

其实,影响数据库性能的还有磁盘 IO、内存、数据库锁、系统配置、数据库配置、CPU 性能等其他因素,但这些并不在本文讨论范畴。在大规模系统中,除了性能,可扩展性也是设计的关键点。数据库表扩展性主要包含表逻辑结构、功能字段的增加、分表等。

1.对于表的逻辑结构,笔者的设计原则遵循一个表只包含一个主要实体。如果主要实体中包含从属实体数据,并且多个主要实体共享一个从属实体,则要把从属实体单独设计为表,与主要实体关联。这样,增加一个从属实体只需增加单独的表就行,不会影响以前的功能。如果主要实体不共享从属实体,则可把从属实体多个字段打包合并为一个字段。合并字段的方式在上面也有提及,它不仅减少了字段数目,而且让在合并的字段中增加数据字段变得非常容易。

2.数据库里面会用到标记位字段,其取值只有 0/1(true/false)。有时候,一个表里有很多这样的字段,遇到这样的情况时,笔者会把所有标记位字段合并到一个数字字段，数字中的每一位就表示一个标记位，如用一个 int 型字段可以表示 32 个标记位。这样可能带来一些使用上的不便，却大大增加了可扩展性。例如，当 16 个标记位字段合并到 int 型字段后，还留下了 16 位的扩展余地，并且用 byte、int、bigint 可以随取所需。

第六章 高校图书馆读者服务创新路径

在信息时代，信息总量的增长非常迅猛，呈爆炸式趋势。与此同时，读者对信息的需求量变大，要求更高，层次更深，并逐步向需求个性化、差异化方向发展。本章主要对新形势下图书馆的个性化服务进行详细的讲解。

第一节 图书馆个性化读者服务模式及策略

面对信息的海洋，我们经常陷入无所适从之中，不知道该去什么地方找需要的信息，自己找到的不知道是不是正确的。于是，如何更加有效地对这些信息资源进行利用，并更好地为读者进行服务，成为信息时代必须解决的一个问题。作为保存、利用和传播信息的专门机构，图书馆应该在解决这一矛盾中发挥独特的作用。

图书馆现行的以文献保存为中心，以借阅服务为重点的传统服务模式在信息化的大潮中显现出来的弊端越来越明显，供需之间的矛盾越来越突出，这就促使图书馆变革传统的工作模式，将个性化服务的理念与实践贯穿到传统的业务中去，达到更好、更高效的服务，在解决海量信息与人的需求不对称这一矛盾上扮演重要的角色。基于这种认识，对图书馆个性化服务的研究越来越得到人们的认可，许多专家学者都热衷于研究这一课题，并提出了许多具体的模式，而且继续进行着更深入的探索。

一、图书馆个性化服务的概念和特点

图书馆个性化服务是指图书馆在数字信息环境下，主要利用传统技术、网络和信息技术为个性化用户提供充分满足其个体信息需要的集成性信息服务，主要包括服务对象、服务时空、服务方式和服务内容的个性化。个性化服务区别于传统的定题服务。定题服务不属于完全意义上的个性化服务，是典型的早期的个性化服务，由于受到环境和条件限制，服务的深度和广度受到局限，个性化服务表现得不充分；而个性化服务则是针对不同的用户，即使不同用户提出相同的检索课题，图书馆所提供的信息也应该是有所不同的。

（一）需求个性化

图书馆以读者群阅读、科研等需求为导向，广泛提供传统纸质和网络技术以及数字化的资料，包括学科发展前沿信息等查询服务。这种阅读需求具有确定性和不确定特点，图书馆既要满足读者明确表述的需求，还要满足读者尚未表述清楚或者边缘学科的需求，一并为读者提供智力支持。同时，图书馆的服务者应做好备课，不但要了解读者个体的知识结构情况，而且还要了解读者个体所要研究的这一学科领域大体的发展前沿，从而提供完善的读者个体所需信息。

（二）内容个性化

虽然图书馆为读者提供的内容具有多样性和集成性特点，但是其信息内容更具有专属性，信息的提供和获取并加以选择具有双向性、互动性，借助于技术手段可以及时、准确地进行传递交流。

(三) 形式个性化

现代化信息技术在图书情报领域广泛应用，因此为用户提供的个性化服务不再局限于人工、非数字信息服务（纸质的传统媒介），而是广泛采取自动化网络化、数字化服务。读者与图书馆之间通过互动式的服务，可以真正达到效率快捷、资源共享的效果。

二、图书馆开展个性化服务的必要性

(一) 读者信息需求的复杂性和差异性增加

由于读者的知识水平、生活阅历、价值取向、意图目的等都存在很大差异，因此读者的信息需求很复杂，彼此也差异甚大，这就要求图书馆在帮助读者解决困难的时候，不能搞一刀切，敷衍了事，而是要针对不同读者实行个性化的服务，要向人性化的方向发展。

(二) 网络资源的激增是图书馆开展个性化服务的客观要求

网络技术的出现为人类信息的传播带来了史无前例的变革，它提供了一个平民化、虚拟化的平台，各种网络资源涌现，并呈几何倍数增长。面对总量如此庞大的信息资源，我们要精确地查找到自己想要的信息就不是那么容易了。作为信息存储和提供机构，图书馆必须实行个性化的服务，有针对性地对读者的需要进行分析，提供并满足读者所需的信息，剔除那些不相关的信息，排除干扰，为读者提供最合适、最符合他们需要的信息服务。

（三）个性化服务是图书馆自身发展趋势的必然要求

21世纪是信息的时代，信息资源的总量呈爆炸式增长的趋势。信息服务机构的数量也在不断增多，信息的获取渠道不断拓宽；还有就是读者使用信息的意识和方式有了相当的提高，不再像传统的只满足于自己去查找和借阅图书，他们对图书馆的要求也越来越不同，越来越具有个性。

三、制约拓展图书馆个性化服务的因素

提供图书馆个性化服务实质上是提供完善用户个体知识结构所需信息和知识，实现高效的知识转移的过程。个性化服务必将成为图书馆发展的主要趋势。进一步拓展个性化服务是图书馆软硬件提升的过程，财力资金对公共文化的支持、人员的知识结构、系统技术的开发与应用等是重要保障。

（一）馆员的个性化服务意识和水平尚需提高

尽管有些高校图书馆具有比较完善的个性化信息服务系统，但其功能尚未得到充分发挥，许多图书馆馆员还停留在传统的查找、借阅图书的意识上，个性化服务的意识不强，而且他们的计算机与网络综合运用能力、搜索专业学科知识的能力以及文献信息处理能力都与实现个性化服务存在一定的差距。

（二）馆藏不足及数字化水平共享程度不够

在图书馆信息资源建设过程中，信息资源共享工作虽取得了可喜的进步，但随着中国信息化的进一步发展，图书馆信息资源数字化有待提高，特别是信息资源的共享程度需要进一步加强，现有数字化信息资源的质量和深度尚不能满足用户的需求。

（三）信息资源保障体系不够丰富和完备

信息资源是图书馆信息服务的物质基础和源泉，同时也是确保个性化服务质量和水平的关键。在传统图书馆逐步向网络化图书馆、数字化图书馆发展的过程中，印刷型文献、数字文献都需要书目整理，形成统一体系的书目数据库，图书馆书目体系需要不断加以完善。

四、图书馆个性化服务模式

当前图书馆的个性化服务模式主要包括以下几个类型。

（一）个性化定制服务

个性化定制服务包括界面定制、内容定制、检索定制、服务定制及提示型定制等内容。这种服务是最直接而简单的个性化服务，是读者从图书馆已经准备好的各种类型的服务中，选择自己所需要的。这要求图书馆尽可能多而广地开发出可供读者选择的定制模式。

（二）信息推送服务

目前常用的推送服务可以分为两大类：一类是通过人工借助电子邮箱进行信息推送，另一类是由智能软件自主完成的信息推送。

（三）互动式信息服务

互动式信息服务提供包括网上定题服务、网上参考咨询、网上文献传递、网上文献购置申请、网上馆际互借等内容。定题服务是指读者在上网搜索信息时，确定自己的检索主题，其他的工作交由服务提供商完成。参考咨询即指读者向工作人员咨询问题并得到解答。馆际互借指在本馆资源中没有读者需要的文献，则工作人员要从其他馆的资源中借用，提供给读者。

（四）词表导航服务

词表导航是满足读者个人的各种检索需求而提供的一种检索帮助。系统能根据在线读者输入的检索词，自动显示与输入的检索词相关的词。

（五）IRCS

IRCS（Individual Research Consultation Service）即个人研究咨询服务。在高校，IRCS主要是帮助和辅导师生进行信息获取与分析评价，对于读者不同的信息需求给予针对性的指导，提高文献信息资源的利用效率。

五、拓展个性化服务领域的创新思路

图书馆拓展个性化服务需要具备如下几个条件：服务是互动性的，用户要有个性化服务要求，图书馆自身具有满足个性化服务的能力，拥有丰富的信息资源；图书馆具有满足个性化服务需求的服务支撑技术，包括用户建模技术、个性化推荐技术等。

（一）坚持以满足用户需求为出发点

结合用户需求的特点，根据用户的习惯差异采取迥异的个性化服务。因此，完善和建立用户档案信息数据库是扎实推进图书馆个性化信息服务的基础，通过用户档案信息数据库建立起用户搜索习惯，进而提供更多相关领域的信息，便于用户更好地查找信息内容。数字图书馆更新数据时，可以根据建立的用户个人信息数据库，第一时间向用户提供与其领域相关的信息，满足用户的搜索需求。

（二）坚持技术优先原则

信息技术的不断更新发展有利于完善数字图书馆个性化信息服务系统，充分发挥技术优势，更好地为图书馆提供个性化服务。一是广泛借鉴国外先进的管理模式和技术，尤其是对国外图书馆个性化信息服务发展的新方向、新动态，应坚持引进来原则，为我国图书馆发展提供经验；二是建立完备的资源整合共享机制，进而发挥我国在信息科技方面的研究成果优势，提高信息技术在我国数字图书馆个性化信息服务方面的科技转化率，努力提高我国数字图书馆个性化信息服务的智能化和自动化水平。

（三）重视人的因素

数字图书馆个性化信息服务发展关键还是要靠人在观念上、技术上的提高，因此数字图书馆个性化信息服务发展过程中要坚持两点：一是图书馆人员的素质。图书馆人员不能只是坐在图书资料室对所借图书进行登记的闲人，而应该是对某一领域特别是信息技术方面具有一定造诣的专业人员，这样既可以根据自己对数字图书馆个性化信息服务的体验找出个性化信息服务的不足，也有利于个性化信息服务的进一步改进。二是图书馆服务模式。图书馆作为信息交流的重要平台，其服务操作应具有模式化特征，以避免管理的混乱。而数字图书馆个性化信息服务必然要求新的服务模式与之配套，进而实现个性化信息服务管理的有效性。

（四）加强用户推广

人民群众对数字图书馆个性化信息服务发展还不太理解，这也是我国数字图书馆个性化信息服务发展的瓶颈。因此，必须加强用户推广工作。一是图书馆要加强对数字图书馆个性化信息服务的宣传。数字图书馆个性化信息服务宣传过程中要第一时间回应用户对数字图书馆个性化信息服务的疑问和意见，树立起良好的信息服务形象，帮助用户更好地了解和使用数字图书馆个性化信息服务，发挥数字图书馆个性化信息服务在资源共享方面的优势。二是要正确引导用户使用数字图书馆个性化信息服务。数字图书馆个性化信息服务对很多人来说是一个新事物，新事物代替旧事物必然需要一个过程，因此，图书馆要根据实际需要采取多种不同方式，对数字图书馆个性化信息服务进行推广。

（五）加强读者的隐私安全与保护

图书馆的个性化服务应该使读者相信其个人信息只是用于满足读者的需求，不会被用于其他方面。这就要求我们，首先需要制定完善的保护政策，进行公示，使读者可以充分了解并运用足够先进的、可靠的保护技术。其次，提供的个性化服务不能不负责任地使用大规模的推送，强行向读者推送读者不需要的信息，而是应该做好读者需求分析，提供给读者真正需要的信息资源。

（六）加强对知识产权的保护

当前我国有关知识产权保护的法律制度还不够完善，某些有违知识产权保护方面的信息图书馆就不能提供。图书馆必须遵守法律，不能为了最大化地满足读者的信息需求就把尚在知识产权法律保护之内的信息公开给读者，应该向其解释清楚相关政策。

（七）提升服务效率与反馈质量

同其他服务满意度一样，服务反馈是进一步改进个性化服务质量和提高服务满意度的重要基础。这不仅反映读者的满意度，更利于有针对性地对读者的反馈进行整改，以便更好地开展个性化信息服务工作。

（八）提高图书馆工作人员的业务素质

通过教育从根本上转变图书馆员的思想观念，把个性化服务的新思想灌输给他们，调动其工作的积极性，切实为读者服务。没有高素质的工作人员就不可能提供高水平的个性化服务，图书馆要培养员工的职业道德，加强其工作责任感，使工作人员对此项工作认可并贯彻下去。图书馆还可以大力引进具有个性化服务意识的大学生，为本单位注入新鲜血液和能量。

（九）促进技术与理论方面的研究

图书馆个性化服务的理论正在讨论发展中，相关的技术也很不成熟，一方面，要在理论研究上下功夫，要有创新，不要一味地照搬照抄国外的研究成果；另一方面，关注国外最新的图书馆软件，并争取能早日研究出适用于中文环境的相似软件。

（十）实现图书馆间的资源共享

可以加强图书馆间的资源共建、共享，多方面进行合作，资源互补，降低读者多方获取信息资源的难度，尽可能地为读者提供更多的资料和服务。现代信息技术的迅猛发展使图书馆具有了新的发展动力和空间，网络和移动技术的不断更新，为图书馆开展更多内容和形式的服务提供了更大的基础，只要图书馆紧随时代发展和坚持以读者为中心的宗旨，就一定会在新时期的个性化服务领域中取得新的成就，图书馆服务也一定会迈向一个崭新的发展阶段。

第二节　高校图书馆个性化服务管理机制

图书馆作为一个具有服务性能的场所，要把用户的体验作为建设的核心，因此，在电子信息技术不断发展的推动力下，进行人性化的建设是一种必然。发达国家很早就开始了这项建设的研究，目前已经处于比较成熟的阶段，而我国要学习国外是如何实现高效的个性化服务，从而让用户能够获得更好体验的。

一、现阶段需要攻克的四大难题

（一）用户的体验感不强，服务效果差

个性化服务的对象是用户，因此，用户的体验感是评价服务质量的标准，然而现阶段存在的最大的问题就是用户对于My Library系统的体验感不强。他们认为，如果要使用这个系统，就需要经过一个非常麻烦的登录过程，然而能不能得到他们想要寻找的信息还是一个未知数，因此，他们没有选择使用这个系统。正是由于用户的体验感不强，图书馆服务系统真正的作用没有发挥出来，服务的效果也没有体现出来。

（二）发展不全面，缺乏统一的标准

个性化服务系统是一个涵盖了各个方面技术的综合性的系统，不仅包括服务技术这一个方面，还包括数据的收集、整理及信息的传递过程，因此，单纯提高服务技术是不够的，整个服务系统的建设需要得到全面发展。发展水平不平衡也是导致现阶段图书馆系统的服务水平不高的重要原因之一。与此同时，在发展的过程中也缺乏相应的统一标准，用户在体验的过程中无法获取到统一明确的信息，因此导致了用户的使用率低下。

（三）网络安全问题需要解决

网络的安全性问题成为当今网络发展中不能忽视的重要环节。系统的建设就是利用网络的优势，然而登录注册时，需要填写大量的个人用户信息，这些个人电话、身份证号码等信息关乎大众的个人利益，因此，图书馆网络的建设要以保障用户个人信息的安全性作为一个大前提，决不能让用户由于注册登录了图书馆系统而存在信息安全隐患。另外，图书馆系统将各种图书、信息资源进行整合，这些信息往往会涉及版权的归属问题。因此，图书馆系统的建设还要保证版权的安全性，保障出版人的权益不受损害。

（四）服务人员的水平和能力偏低

虽然图书系统是网络发展的产物，但是依旧需要服务人员来配备服务，而这些服务人员的服务质量就成为影响图书馆系统质量的重要因素之一。然而，服务人员的个人能力不足，无法为用户提供充足的服务，对于用户在使用系统的过程中遇到的种种问题不能够及时地给出相应的解决办法和帮助，那么用户对系统的热情也会大大降低。

二、以 My Library 系统为例进行分析

（一）国外系统体系发展具有显著优势

图书馆个性化服务系统最初就是由美国和英国的一些著名大学的专家和学者联合创立的，在这些国家和地区实际运行了很多年，并且经过不断的发展和改善，形成了比较完善的系统化的服务体系。这个系统充分地考虑到了用户的各方面需求，最大限度地实现了个性化服务。例如，在窗口界面提供了不同的字体、不同的字号甚至是不同背景的颜色供使用者进行挑选，如果是视力比较好的年轻人，可以选择正常大小的字；如果是老年人，就可以选择加大的字号；想要尽快寻找到有用信息的用户也可以使用小字号进行快速浏览，这样的设置就充分考虑到了不同用户群体的多方面需求。

（二）国内系统功能不足，有待开发

相对于国外图书馆系统的丰富性来说，我国图书馆系统的功能就相对欠缺了。我国图书馆系统还处于起步阶段，发展不够完善，需要进一步优化的地方还有很多。在功能上也是相对单一，只能提供文献的查询，而对于相关参考书籍的超链接服务目前还是空白，因此，还有很多的地方有待开发。

（三）国内外系统的共同点

由于发展的时间和发展的阶段存在差异，现阶段国内图书馆系统在技术的层面上与国外的差异还比较大，但是在基础的层面上还是存在很多共同点的，例如信息与文献检索的功能，还有系统的维护功能都是比较相似的。

三、可行的服务模式和管理机制

（一）提高系统使用的便捷性

系统是要服务于用户的，因此用户使用的感受就是评价系统服务质量的标准。建设图书馆系统时需要从用户的使用角度出发，提高便捷性，用最快的速度、最少的步骤找到最有价值的信息资源，如此才能让用户更加满意。

（二）提高资源的丰富性

丰富的资源是图书馆的基本属性，而用户选择图书馆也是基于图书馆的丰富性来寻找自己想要的资源，因此，加强系统资源的建设也是非常重要的一个环节。系统要尽可能地收集更多的资源，建立储量丰富的数据库，让用户可以在图书馆找到需要的任何信息，还要尽可能地为用户提供下载的服务，从而方便用户的使用。

第三节 教练技术在高校图书馆读者服务中的应用

图书馆个性化信息服务的基础是对用户需求的充分理解，在这方面无论是国外还是国内的图书馆都存在不足。RSS 和 Web2.0 等技术的发展虽然在一定程度上降低了沟通的成本，提升了信息获取的效率，但对用户需求的理解还停留在关键词等信息层面上。鉴于此，我国图书馆针对个性化信息服务能力和质量问题应引入教练技术的核心能力和流程模型，引导用户更清晰地表达自身需求，进而提升图书馆工作人员对用户需求的理解，提高图书馆员的服务质量。

一、教练技术介绍

（一）教练技术的起源

教练的提法最早由英文 Coach 翻译过来，英文 Coach 的原义是马车，马车的作用是一对一的，以最适合主人的路径和速度带主人到他想去的地方。教练技术源于体育行业，如网球教练、篮球教练、足球教练等，教练关注未来的可能性，而不是过去的错误。教练工作的成果在很大程度上取决于教练与被指导者之间的支持关系以及沟通的方式与风格，目的是使被指导者通过教练的启发获得对事实的认知。教练作为一种工具，是一对一的，能以最适合被指导者的方式帮助被指导者实现目标。这与图书馆个性化信息服务的目的不谋而合。

（二）教练的核心能力

教练的核心能力即对话技术，它包括倾听、提问和反馈三个方面。

1.深度倾听，是指站在被指导者的立场上听到语言背后的情绪和需求等，让被指导者感受到理解和信任。在倾听的过程中，首先，教练要放下自己的想法和判断，一心一意地体会被指导者的诉求；其次，使用语言或动作等要素，让被指导者感受到被倾听；最后，向被指导者表示已经与对方产生共鸣。

2.有力提问，是指运用提问的方式启发被指导者思考，帮助被指导者自行找到解决方法。教练在提问的过程中尽量避免个人的建议。

3.有效反馈，是指运用观察的方式，对被指导者的行为给予语言反馈的技术。

（三）教练技术的流程

GROW 模型是惠特默提出的，基本的模型来自一个决策四阶段模型英文首字母缩写，即 Goal（目标）、Reality（现状）、Option（方案）、Will（意愿），该模型为教练进行指导提供了一种可借鉴的结构化的框架，使教练与被指导者进行对话时的方向不偏离预定的目标。在 GROW 模型中，第一次解决一个新问题时，这一顺序的假设是四个阶段都必须进行，如果一项任务正在进行或者曾经讨论过，可以运用教练对话技术去推进，在这种情况下教练可以在任何一个阶段开始或者结束这一过程。

1. 聚焦目标。虽然很多时候与教练对话是从被指导者谈论现状开始的，但并不意味着教练要顺着被指导者的思路延续对现状的探讨，教练要迅速地从被指导者谈论的现状中发现其背后的需求和目标，如果没听出来也要通过提问来确定目标。原因有二：其一，教练是以结果为导向的，以终为始是教练的准则，只有明确了方向才能知道从哪里出发，目标对任何讨论的价值和方向都是最重要的；其三，对问题的讨论如果仅仅基于现状，则更容易倾向于负面，谈话将会变成对问题的抱怨。

2. 了解现状。在了解现状阶段，问题通常由询问类的什么、何时、何地、谁和多少等开始，这些问题引出的都是关于事实的描述，有助于进一步分析和判断。教练不需要了解所有的情况，只需要确认被指导者了解现状就可以了，了解现状的目的是提升被指导者的觉察力，为下一步探索行动方案打下基础。

3. 探索行动方案。该阶段不以最快找到正确答案为目的，而是要列出尽可能多的方案。最初，可供选择的数量比质量更重要，激发大脑收集所有选择的过程能够激发创造力，只有从广泛而富有创造性的各种可能性中进行筛选，才能制订具体的行动计划。

4. 强化意愿。在强化意愿阶段，教练让被指导者总结对话的全过程并坚决按行动计划实施，根据教练的原则，教练应支持个人实现组织目标的协作过程。因此，让被指导者充分认识到教练会全力支持他的行动也非常重要。

二、图书馆个性化信息服务的现状及可行性分析

（一）图书馆个性化信息服务的现状分析

我国对图书馆个性化信息服务研究的论文最早发表于 1999 年。虽然我国在个性化信息服务方面起步较晚，但随着国内数字图书馆的快速成长，图书馆在个性化信息服务方面已经形成了相对成熟的模式，主要有个性化定制、个性化推荐两种形式。

1. 个性化定制。个性化定制主要是根据用户的个人信息需求，提供有针对性的信息服务。它运用对话或先进的信息技术，获取用户的个人信息，了解和推测用户的需求，从而为用户提供个性化的信息服务。个性化服务在实体图书馆读者服务中和网上个性化信息系统的开发中都有很好的应用，如图书馆参考咨询、网上个性化信息服务等。

2. 个性化推荐。个性化推荐服务是一种主动性和个性化较强的服务方式。即图书馆根据对用户的特性如专业、兴趣、爱好等各个方面的关联分析和挖掘，从中发现资源的关联以及访问行为相似的用户群，然后把挖掘结果推荐给用户，实现图书馆主动向用户推送其可能需要的信息。

（二）教练技术在个性化信息服务中的可行性分析

信息服务的目标是满足用户的信息需求，而用户的信息需求又与其决策相关，即用户信息需求的主要目的是解决特定环境下的特定问题，同时用户利用信息解决问题时的方式、方法、过程又与用户自身的能力、知识范围、经验和行为方式等有密切关系。起源于体育行业的教练技术以结果为导向，通过一对一的方式，应用 GROW 模型配合倾听、提问和反馈等技巧帮助被指导者达成其目标，这与图书馆个性化信息服务的目标不谋而合。图书馆个性化信息服务的本质是基于对用户需求理解的基础上为用户提供信息资源，针对服务用户的复杂性，对其采用教练技术的模型和技巧，更能引导用户清晰地表达自身需求，进而提升馆员对用户需求的理解和服务质量。

三、教练技术在图书馆中的应用

（一）图书馆应用实例

1.聚焦目标，引导用户明白自身需求。读者到图书馆进行信息咨询时对需求的描述往往比较简单、简洁，如有读者到图书馆报刊部查找一篇以侨房变迁及原主人事迹为内容采写的文章，因为读者对标题、作者和具体内容等信息印象模糊，只能用"一幢侨房与主人历程""刊登在海南日报""时间是 80 年代至 90 年代"这样简单的信息进行表述。由于早期的报纸只有纸质装订本，无法通过检索的方式快速定位，工作人员只能通过读者提供的这些简单信息，从 1980 年 1 月的报纸逐月查询，工作量巨大，严重影响馆员的服务效率和服务质量。假如图书馆员将教练技术应用到图书馆参考咨询服务中，针对上述读者的需求，采用教练流程确定三点方向引导读者提供更多信息，如文章刊登时的政治背景，文章刊登时当地省、市是否有大事项发生，文章主要写什么内容，馆员即可从读者的有限记忆中筛选出可用信息，缩小查找的范围。

2. 了解情况，聚焦核心问题。

（1）工作人员向读者提出的第一个问题：该文章刊登时"落实侨房政策"是否已经出台？读者反馈"落实侨房政策"已经实施。工作人员根据其信息反馈，从网络上检索到"落实侨房政策出台"的情况分为1982年、1983—1990年、1990年以后三个时间段，工作人员从提问、倾听、反馈、网络检索的情况可以确定时间是政策出台后的几年，即应为1986年以后的报纸。

（2）工作人员向读者提出的第二个问题：该文章刊登时海南是否已建省？读者从当时的大事项中回忆确认当时海南尚未建省。海南是1988年建省，以海南建省时间为一个时间节点，应为1988年前的报纸。

（3）工作人员向读者提出的第三个问题：该文章主要描写的什么内容？读者反馈文章主要是依据侨房变迁及原主人事迹的内容采写的。工作人员根据读者反馈的信息，初步确认其文章刊登在海南新闻综合、民生、社会版面。

3. 探索行动方案，解决用户需求。图书馆工作人员通过聚焦目标、了解情况后，汇总以上三点线索推测出该文章刊登时间应为1986—1987年的报纸，工作人员依据相关信息选定1987年的报纸查找相关信息，结果仅用10多分钟就在1987年的《海南日报》中查找到读者所要的这篇文章。

(二)应用经验

图书馆工作人员类似教练,读者类似被指导者,工作人员采用三点查找方向的步骤也类似于 GROW 模型,即第一步明确目标,第二步了解情况,第三步解决问题。首先,工作人员以"政策出台"的前后为时间节点来排除早几年的报纸、推算晚几年的报纸。其次,工作人员引导读者回忆大事项,以建省大事项发问提醒读者回忆。启发性地发问可以打开读者的心扉和思维,能够使读者提供解决实际问题的线索。最后,工作人员以文章内容确定报纸版面,把查找的范围再进一步缩小。

教练技术在图书馆个性化信息服务的日常工作中有时也会运用,但该方法并未被明确化和概念化,也没有在图书馆得到深度推广和普遍应用,因此,其运用效果不是很理想。笔者尝试将教练技术的核心能力和流程提炼为程式化的内容,并应用于个性化信息服务中,以求对图书馆信息服务工作者提高工作效率有所帮助,从而更好地服务读者。

第四节 大数据环境下图书馆提升个性化服务质量的方式及途径

随着互联网和移动数据的发展,以搜索引擎为代表的个性化服务方式越来越受用户关注,用户获取信息时开始选择 Web 搜索信息资源。然而面对信息服务行业的激烈竞争,高校图书馆要不断扩大用户群,吸引用户,满足用户需求,就必须解决信息服务中的各种局限性和技术问题,特别是随着 Web2.0 环境和云环境的出现,高校图书馆如何把搜索引擎、云计算技术和云服务应用于图书馆,为实现个性化服务提供新的途径和渠道,将会对图书馆的管理和服务方式产生重大的影响。

一、Web2.0 环境下搜索引擎的个性化服务模式

（一）Web2.0 环境下搜索引擎的个性化服务方式

国际上把 Web2.0 的技术方法和服务方式应用到图书馆已经比较普及。Web2.0 服务，特别是搜索引擎的个性化服务内容丰富、类型多样，搜索引擎的个性化服务方式包括：RSS（信息聚合）、blog 和微博、tag 和 bookmark、SNS。

1. RSS 主要应用在新闻、维基和博客等网页，RSS 的使用加大了可利用的信息范围。

2. blog 和微博。blog 是一种发布个人信息的网页形式，可以随时展示自己的信息状态；微博以内容短小的特点吸引用户。blog 和微博在用户中的广泛应用形成了一种有效的网页信息源。

3. tag 和 bookmark。tag 是用户自己定义相关信息的标记。bookmark 是用户按照需求把信息进行分类整理和存储的收藏夹。搜索引擎利用对用户的账号管理的方式提供 tag 和 bookmark 的存储功能，实现个性化信息组织服务。

4. SNS 是通过 SNS 社交网站这一信息环境满足社会性需求，用户利用 SNS 构建个人的网络平台，创建属于自己的网络空间，传播、共享和交流信息。

（二）Web2.0 环境下搜索引擎的个性化服务模式

个性化首页集成模式和浏览器辅助模式是 Web2.0 环境下搜索引擎的个性

化服务模式中最重要的两种模式。个性化首页集成模式实际上是集中提供搜索引擎个性化服务的一站式搜索平台，它的主要功能是面向用户推送信息服务，通过账号管理实现个性化信息存储服务和利用 tag、bookmark 实现个性化信息组织服务。个性化首页集成模式与浏览器辅助模式相比成本比较高，并且浏览器越来越多地集成和整合个性化首页中的功能，因此浏览器辅助模式将逐渐代替个性化首页模式。

1.个性化首页集成模式。个性化首页是搜索引擎针对用户的特点进行信息整合和量身定制的首页，其集成模式体系一般包括个性化信息定制、个性化信息组织、个性化信息推送、个性化信息聚合、个性化信息存储这五种服务形式。个性化首页集成模式的体系架构实际是用户通过个性化首页集成的个性化服务平台与搜索引擎之间的闭合回路反馈流程。个性化首页集成模式的主要功能是搜索引擎通过用户账号建立用户档案，实行记录管理，即个性化信息存储；搜索引擎在向用户主动推送信息服务中允许用户按照自己的喜好进行个性化信息定制，而后搜索引擎根据用户的定制提供符合用户需求的针对性信息推送；在搜索引擎的个性化信息组织服务中实现了用户参与的信息组织方式，比如用户利用 tag 和 bookmark 自主添加和命名标签页，对网页信息进行分类、整理、保存。

2.浏览器辅助模式。浏览器是万维网服务的客户端浏览程序，用于显示网页服务器或档案系统内的文件，并让用户与这些文件互动。浏览器辅助模式主要包括三部分：一是通过搜索栏添加多种搜索引擎；二是实现全能搜索，利用几种主流搜索引擎，同时搜索多种资源；三是导航主页，把多种资源类型实行分类、归纳和整合，引导用户及时、准确地获取个人需求的信息。

随着浏览器和移动应用的发展，浏览器辅助模式的优势显而易见。首先，浏览器越来越多地集中了各种搜索引擎，方便用户在搜索时选择使用更好更多的搜索引擎，并能对检索结果互相补充。其次，浏览器中的搜索服务不受搜索引擎类型和信息来源的限制，可以在搜索引擎之外，实现对搜索引擎内的信息资源的检索。另外，通过利用浏览器的记录收藏功能，用户不必登录搜索引擎来收藏和管理已检索到的信息，可以直接用 tag 和 bookmark 收藏在浏览器中，还可以利用 RSS 提供的订阅功能、利用 SNS 和 blog 实现分享功能等。

二、"云"与图书馆

云计算就是通过网络把尽可能多的计算资源整合在一起，借助云的强大计算处理能力，由软件自动完成管理与服务的超级应用系统。

云图书馆是指利用云计算技术和理念在互联网上构建的虚拟图书馆。云图书馆体系结构为应用软件、管理平台、数据库资源、服务器机群、存储中心等。云计算技术和云服务应用于图书馆，将会对图书馆的管理和服务方式产生重大的影响，将会从根本上颠覆传统图书馆服务模式。互联网时代，图书馆的发展急需引入云计算的理念和相关技术，更需要建立云图书馆体系，建立面向用户需求的图书馆云平台个性化服务系统，让图书馆用户只拥有一个上网终端就可以检索和下载图书馆的资源，通过门户网站访问和利用云图书馆享受各项服务。

（一）云环境下的图书馆用户需求的特点

在云环境下，图书馆利用网络为用户提供服务，不断地扩大着用户群体，服务的范围也更加广泛。图书馆应用云计算技术为用户开展云服务，包括软件、平台、基础设施、数据库等服务形式。云环境下的图书馆用户需求的特点是：开放性，不受时间地点限制，自由获取；专业性，可以根据自己的需求和专业获得本专业权威性的学术论著，及时了解本学科的发展动态；多元性，网络化与数字化扩大了图书馆的服务功能，在资源结构上遍布各个领域，呈现多元化的趋势；时效性，网络能让用户在最短的时间里获得最新的信息资源，时效性强；集成性，云图书馆的要素是由数据库资源、各种应用软件等组成，集成性的特征极为明显。

（二）云环境下的图书馆个性化服务

云环境的图书馆个性化服务是云平台个性化服务系统依据用户的需求，为用户设置定制空间、数据加工整理专区并开通用户在线编辑的服务。系统还能够根据不同层次的用户在个性化定制空间里预设的定制模块，开展多层次、多元化的信息服务。用户一旦按照自己的需求定制了属于自己的检索界面、服务方式和内容等，就可以对检索的结果进行保存、整理和加工。用户在定制和整理中如果不能一次性完成任务，还可以进行多次操作。

（三）基于云平台的图书馆个性化服务系统模式

1.基于云平台的个性化服务流程。首先，用户向云平台个性化服务系统输入个性化申请信息进行登记注册，注册通过验证后，系统就会按照用户提供的信息进行个性需求定制，然后通过云图书馆进入互联网中进行信息资源检索，系统检索到符合个性化需求的有用信息后，就会依据个性化的要求进行筛选、删减、剔除和整理，充分体现了人性化；其次，开通在线编辑服务，增加用户的操作权限。用户在资源获取利用时如果遇到不满意和有新的要求或者建议，还可以反馈给云服务平台系统，有利于图书馆及时改进。

2. 基于云平台的个性化服务系统模式。云平台个性化服务系统模式的建立，首先要重视图书馆当前的基础建设，比如软硬件资源和网络资源的建设，具备了基础设施，才能够更好地构建云计算平台，开发、应用、管理云服务系统和云存储系统。

云平台个性化服务系统模式结构如下。

（1）云计算平台：包括基础设施、网络云和网络终端。基础设施由物理设施和虚拟设施组成，是构建和支撑云计算平台重要的两个部分，缺一不可。网络云起到连接基础设施和网络终端的作用，通俗地说，就是把图书馆的服务和用户紧密地联系起来。网络终端就是图书馆管理人员和用户登录云平台个性化服务系统使用的软硬件设备，用户通过网络终端登录到云计算平台获取信息资源，图书馆管理员通过网络终端登录到云计算平台实现管理与维护。

（2）云服务系统：包括个性化定制，是用户实现云平台个性化服务的基础；资源检索，以个性化定制作为依据，对云存储系统数字资源进行信息搜索；知识整理，用户可以把检索以及接收到的信息资源，通过知识整理模块在线编辑，如归类、删减，把有用的、需要的随时保存在个人文档空间里，同时还可以多次登录到云服务系统进行整理；信息交流，通过集成于系统上的邮件收发功能，用户利用云服务系统和管理员随时进行沟通，用户与用户之间同样也可以进行互动。这种信息交流有利于用户及时提出问题，便于管理人员处理和解决问题。

（3）云存储系统：包括用户资料库、信息知识库和计算资源库等。用户资料库就是用户把已经查找到的信息资源收藏到用户个人存储空间里，便于以后加工、整理和利用；信息知识库即系统的数据总库，用户检索的信息来源中心；计算资源库是云存储系统的重要组成部分，是云平台个性化服务系统中不可或缺的资源。

三、基于微信的图书馆个性化信息服务

信息服务是指利用计算机和通信网络等现代科学技术对信息进行生产、采集、加工、处理、存储、传播、检索及利用，并以信息产品为载体为用户提供的专业化服务。信息服务是图书馆的核心服务，2014年8月，国际图联在法国里昂世界图书馆和信息大会上发布了《信息获取与发展里昂宣言》，其中指出，信息获取与有效利用信息的能力是可持续发展之必需，图书馆与联合国可持续发展目标之间的联系在于国际图联相信高质量的图书馆和信息服务有助于确保获取信息。通过高质量的信息服务，图书馆不仅能够推动用户个体及社会整体发展目标的实现，更能够通过保障公民平等的信息权利推动社会教育公平，缩小数字鸿沟。图书馆传统信息服务是指根据读者的文献需求，充分利用馆藏资源直接向读者提供文献信息的一系列活动，其目的是通过开发利用图书馆的各项资源来满足读者的各种文献需求。随着人类迈入数字信息化时代，图书馆传统信息服务受到前所未有的冲击。首先是信息载

体的多元化发展突破了纸质文献的单一模式，以电子书、图片、数据、音视频文件、流媒体文件等为代表的电子资源大量涌现，这对图书馆传统的围绕纸质文献开展的信息服务提出了极大挑战。其次是信息传播途径的多元化发展。随着互联网、移动终端设备等信息技术的飞速发展，人们可以随时随地、方便快捷地获取其所需的各类信息，信息技术促进了人类信息获取模式及信息使用模式的变迁，这一变化对图书馆信息服务提出了新的挑战。

（一）图书馆信息服务的发展趋势

互联网数字化环境下，社会的发展对图书馆提出了越来越高的要求，要想更好地满足用户日益增长的服务需求，图书馆需要转型。但转型绝不是一蹴而就的，而是在先进服务理念的指导下，从服务到战略和执行的逐层推进。信息服务是图书馆传统服务的核心，在新的时代背景下，图书馆职业的核心价值和核心能力仍旧围绕信息服务展开，只是被赋予了新的内涵和外延。简言之，信息服务转型是图书馆转型升级的一大重点。在未来，图书馆需要着重通过信息服务发挥其在推动知识传播、文化交流方面的作用。图书馆的功能不再局限于阅览，它更重要的作用是成为知识、文化交流的平台。图书馆信息服务在新环境中呈现如下发展趋势。

1. 多元及个性化发展趋势，这种多元化发展趋势涵盖如下层面：用户不仅希望图书馆为其提供所需的信息，还希望图书馆能够帮助其提升获取信息的能力，提供分享、交流知识的场所，以及支撑内容创建、创新制作的辅助平台等。在互联网环境下，用户信息需求还将进一步呈现出多元化、个性化特征。

2.移动化发展趋势。随时随地的信息获取、利用将成为用户信息模式的主流,用户越来越习惯通过手中的移动终端享受互联网提供的全面信息服务,包括阅读、订票、网上购物、观赏影视节目甚至召开视频会议。因此,图书馆信息服务的转型同样应着力于日常应用的扩展,将信息技术充分融入传统信息服务(包括电子书、参考咨询、数字素养培育、学习促进等),以便促进图书馆服务的转型和移动服务的更好发展。

(二)基于微信的图书馆个性化信息服务优势

移动信息服务是图书馆开展个性化信息服务的发展方向之一,作为一种新的即时性通信产品,微信从开始出现就备受各界关注。基于微信的图书馆信息服务相较于传统信息服务具备以下优势:

1.完全符合图书馆信息服务需求多元化、个性化及服务方式移动化的发展趋势。

2.图书馆可随时随地为用户提供信息和服务,信息和服务能够到达的范围更广。通过微信公众平台一对多的传播方式,图书馆可直接将消息推送到用户手机,因此达到率和被观看率几乎是100%。

3.营销和服务的定位更加精准。图书馆可通过微信公众平台对用户进行分组,采集用户信息需求、信息使用、行为模式相关大数据,获知用户特性,从而开展更为精准的服务营销和推送。

4.丰富媒体内容,便于分享。借助微信,图书馆可以实现和用户群体及用户个体以文字、图片、语音为内容的全方位沟通与互动。

（三）基于微信的图书馆个性化信息服务设计

1.基于微信的图书馆阅读推广方面。阅读作为一项国家战略及重要工作部署，已经连续数年被写入政府工作报告，通过阅读推广活动，充分挖掘图书馆特别是数字图书馆在人们生产、生活、工作、学习中的重要作用，培育公众的阅读习惯、阅读素养及技能，在全社会营造终身学习的良好氛围，是图书馆阅读推广的指导原则。在阅读推广过程中，图书馆可以利用微信开展如下层面的服务。

（1）利用微信公众平台提供书目服务。建立"我的图书馆"以及检索发现模块：在"我的图书馆"模块中，用户可以直接开展图书查询、图书续借；在发现模块，用户可以查找附近的图书馆，开展数字化阅读。

（2）利用微信公众平台推广阅读。图书馆的阅读推广活动包括新书发布、新书推介书友会、讲座、研讨会等多种形式。传统模式下，图书馆需要通过制作宣传海报、网络通知等方式进行活动宣传，而微信公众平台则为图书馆提供了各类信息发布的统一端口，以前在线下开展的新书推荐、活动宣传、讲座或研讨会通知等都可通过线上，直接推送到用户手机，保障百分之百的达到率和被观看率，这样不仅节约了海报、宣传单的制作成本，更能取得较高的宣传成效。

（3）利用微信朋友圈推广阅读。利用微信朋友圈的高互动性及"熟人+陌生人+圈子"的营销模式，图书馆可以为阅读爱好者建立分享交流的平台，吸引具有共同阅读兴趣、研究背景或交叉学科背景的用户建立各种书友会，利用微信群聊功能共同探讨问题、扩大影响。

（4）利用微信公众平台与用户互动。包括设立微信书评投稿专栏，调动用户的阅读兴趣；采集用户阅读需求信息，由用户直接点单参与图书馆的采购决策；一对一地开展阅读引导及阅读技能培训。

2. 基于微信的图书馆参考咨询方面。参考咨询服务是图书馆信息服务的重要分支，数字化环境下的参考咨询服务同样面临变革，咨询的形式和内容都发生了根本性的改变，在线咨询、实时资讯、互动咨询、可视化咨询等多种咨询模式的涌现，推动参考咨询服务朝着实时、动态、便捷、高效的方向发展。微信在信息传递及信息服务上的优势引发了图书馆参考咨询服务领域对其的关注，越来越多的图书馆开始将微信与参考咨询服务相连接，将微信的及时性、主动性、效率性优势融入图书馆参考咨询服务中，让图书馆参考咨询服务能在短期内提升服务质量，达到用户对图书馆参考咨询服务的基本要求。借助微信，图书馆可从以下层面设计其参考咨询服务。

（1）组建微信答疑参考咨询团队。通过智能手机或 iTouch 等移动互联网设备，与咨询者通过一对一的语音对讲、文字图片传输等形式开展实时交流，及时、高效、便捷地帮助咨询者解决问题。

（2）利用微信参考咨询嵌入课堂教学。在信息技术革命引发的教育变革浪潮中，多媒体教学、可视化教学、翻转课堂、大规模公开在线课程等现代化教学模式不断呈现，图书馆要更好地履行信息服务的职能，就必须依托先进的信息技术和工具，嵌入到现代化的教学过程中，培养学生的信息素养、数字素养。微信参考咨询为图书馆提供了嵌入式信息服务的有效路径。

（3）利用微信参考咨询嵌入用户科研、知识的全过程。借助微信公众平台，图书馆可以根据数字内容搭建知识分享与试验平台，支持对科学、技术和创新中的发展、体系结构和异常现象的跟踪、探测、分析和揭示，以数字化、网络化和计算化的方式融入用户的知识过程。

3. 基于微信的图书馆学习促进方面。除了传统的阅读推广、参考咨询服务，21世纪图书馆的信息服务职能不断深化发展，朝着知识化、学习促进的方向迈进，具体体现在图书馆对用户早期教育、成人教育、劳动发展、职业继续教育、数字素养培训的参与及推动。同时图书馆可借助微信工具，通过信息推送、资源提供、智力支持更好地适应用户学习模式的变化，发挥自身在推动用户学习、求知过程中的作用。

（1）早期教育。在早期教育方面，图书馆可以利用微信公众平台向需要的家庭推送早教资讯及诸如父母学堂、家长沙龙、亲子体验班等早教活动，鼓励符合条件的家庭及早为适龄婴幼儿报名，享受图书馆提供的优质专业的早期教育指导服务。

（2）成人教育、职业培训和劳动力发展。图书馆应按照年龄层次、职业背景、专业背景、兴趣爱好等因素对关注其公众号的用户进行细分群组，分析不同群组在就业、职业培训、劳动力发展方面的异质化需求，为其推送分类的市场招聘信息、劳动力技能培训活动及其他文化活动。

（3）数字素养培育。互联网参与机制下，数字文化社会的发展与社会整体数字素养息息相关，用户通过提升数字素养，有能力参与到数字文化社会的行动中，图书馆在提升用户数字素养进程中发挥着不可替代的作用。数字素养是一种综合素养，其不仅包括利用信息技术、工具获取知识实现自我发展的能力，还包括与他人协作、知识挖掘、共同创造、分享成果的能力和习惯，而且这种分享和协作的精神在互联网时代将变得越来越重要，图书馆应通过微信公众平台为其用户群提供一个分享交流的平台，通过合作、共享，共同创造氛围，在潜移默化中实现公众数字素养水平的不断提升。

4.基于微信的图书馆个性化信息服务未来展望。由于微信平台所具备的高度交互、方便快捷、传递高效等优势，图书馆在联系用户、提升图书馆信息服务质量和效能方面有着巨大的推广和应用价值，已有越来越多的图书馆利用微信开展个性化信息服务。未来图书馆基于微信的个性化信息服务，有以下重点发展领域。

（1）基于微信大数据的分析及挖掘。大数据最大的价值在于通过数据分析优化组织决策，进而提升组织效能及社会生产力。大数据红利可以转化为整个行业的发展机遇，大数据环境下，图书馆可以通过微信数据记录用户的需求模式和行为模式。例如，用户在"我的图书馆"中的浏览记录、检索记录、电子书阅读记录等都会自动转换为用户大数据，通过对大数据的长期追踪和分析，图书馆不难掌握用户的信息需求模式、消费模式，以及个人的兴趣爱好，每当有与用户需求类型相符合的新书上架，或有用户感兴趣的展览、讲座、文化活动时，图书馆便可通过潜在需求与对口信息的匹配开展更为精准的微信推送，使用户感受图书馆更为体贴和人性化的服务。

（2）利用基于微信的信息服务支持用户的个性化学习。个性化学习是指以反映学习者个性差异为基础，以促进学习者个性发展为目标的学习范式，具体表现为针对个体学习者特定的学习需求、兴趣、意愿或文化背景而推出的一系列教育项目、学习经验、教学方法和学术支持策略。2015年美国新媒体联盟发布的《地平线报告（2015高等教育版）》指出，个性化学习是制约高等教育领域技术应用的艰难挑战，个性化学习的最大障碍是那些能有效促进个性化学习的科学的、数据驱动的方法直到最近才开始出现；以"学习分析"为例，其在高等教育中的应用仍在不断演进并需要获得发展动力。无论是公共图书馆，还是高校图书馆，都要获得发展动力。无论是公共图书馆，还是高校图书馆，都必须参与用户个性化学习的促进，除了通过微信公众平台为用户提供个性化的学习资料、交流平台，图书馆还可利用微信公众平台整合多种线上线下教育资源，正式非正式的学习资源，通过追踪采集学习者信息，包括点击的数量、花费在在线课程和网络培训上的时间、用在其他活动（如阅读）上的时间等，辅助高校或其他社区教育机构进行定量分析并分类，从而为每位学习者提供更加个性化的学习建议。

四、数字图书馆个性化服务技术

（一）数字图书馆个性化服务及其系统概述

1.数字图书馆个性化服务。数字图书馆的个性化服务就是以用户为中心，在研究用户的行为、兴趣、爱好、专业和习惯的基础上，根据用户的个性化需求而开展的信息服务。它具有很强的针对性、主动性、易用性、知识性、专业性和安全性，能够充分提高用户对数字图书馆信息服务的满意度。

根据技术标准，数字图书馆个性化服务的主要形式有以下三种：一是个性化推送与定制服务，即根据用户的兴趣偏好，采用定制的Web页面、分门别类的信息频道（或信息栏目）发送 E-mail 等方式，把具有针对性、特色性的信息传输给具有特定需求的用户。二是个性化推荐与报道服务，即通过智能化推荐和主动报道的途径，深入分析用户的专业特征、研究兴趣，从而主动地向用户推荐其可能需要的信息，是一种比较深层次的信息服务方式。三是个性化知识决策服务。这种服务强调充分运用数据挖掘语义网络、知识发现等先进技术，对有用的信息内容再进行深层次的分析与挖掘，向用户提供能够用于决策支持、智能查询、科学研究等知识服务方面的规则和模式。

2. 数字图书馆、个性化服务系统。数字图书馆个性化服务系统是把用户感兴趣的信息主动推荐给用户的一种应用系统；该系统通过记录和分析用户的个人信息及关键行为，识别出用户的各种特征，建立起相应的用户模型，并根据这一模型主动搜集用户所需的专题资源，向用户推送潜在的有用信息。通过个性化服务系统，图书馆可以收集到用户的个人信息，并根据这些资料有效地组织资源，使用户享受到最贴心的服务。个性化服务系统是根据每个用户的特定资料和后台资料库动态生成的，无须为每个用户和每项资源制作静态的网页，简化了数字图书馆技术人员的工作量，提高了系统的灵活性。个性化服务系统会定期自动检查用户定制的各种网络链接和数据来源，并将更新信息通知给用户；用户可以实时维护这些链接并及时跟踪相关学科的最新发展动态。此外，系统还会分析用户的兴趣和行为，利用现有的资源向用户推送附加信息。

（二）数字图书馆实现个性化服务的技术路径

数字图书馆的个性化服务在整个数字图书馆服务系统中占有十分重要的

地位。它始终以用户为中心，以满足用户个性化的价值追求为目标。数字图书馆要实现其个性化服务，首先，要跟踪、学习用户的兴趣和行为，并设计一种合适的表达方式；其次，为了把资源推荐给用户，必须有效地组织资源，选取资源的特征并采用合适的推荐方式；最后，必须考虑系统的体系结构，考虑在服务器端、客户端和代理端实现的利弊。下面，我们从用户描述文件的表达与更新、资源描述文件的表达、个性化推荐以及体系结构这四个方面来讨论数字图书馆实现个性化服务的技术路径。

　　1. 数字图书馆用户描述文件。对数字图书馆个性化服务系统来说，最重要的是用户的参与。为了跟踪用户的兴趣与行为，有必要为每个用户建立一个用户描述文件，刻画出用户的特征以及用户之间的关系。在制定用户描述文件之前，需要考虑收集什么数据，数据来自哪里，数据收集的标准是什么，如何收集和组织数据等一系列问题。

　　（1）用户描述文件的表达。不同的数字图书馆个性化服务系统，其用户描述文件各有特点。用户描述文件从内容上划分为基于兴趣的和基于行为的两种类型。基于兴趣的用户描述文件可以表示为类型层次结构模型、加权语义网模型、书签和目录结构等；基于行为的用户描述文件可以表示为用户浏览模式或访问模式。在具体实现时，往往采用基于兴趣和基于行为的综合表达方式。用户描述文件可以用文件来组织，也可以用关系数据库或其他数据库来组织。

　　（2）用户信息的收集与更新。在用户第一次使用数字图书馆个性化服务系统的时候，系统可以要求用户注册自己的基本信息和感兴趣的内容，也可以隐式地收集用户信息。在定制好一个用户描述文件之后，系统可以让用户自主修改，也可以由系统自适应地修改，这样系统就可以随用户兴趣的变化而变化。用户跟踪方法可分为显式跟踪和隐式跟踪。显式跟踪是指系统要求用户对推荐的资源进行评价和反馈，隐式跟踪则不要求用户提供什么信息而所有的跟踪由系统自动完成。隐式跟踪又分为行为跟踪和日志挖掘。显式跟踪简单而直接，但一般很难收到实效，因为很少有用户主动向系统表达自己的喜好。因此，比较实际的做法是行为跟踪，因为用户的很多动作（查询、浏览页等）都能暗示用户的喜好。

目前，基于Web日志的挖掘技术得到了迅速发展，为数字图书馆开展个性化服务提供了可靠的技术保障。利用Web日志可以获得用户页面的点击次数、页面停留时间和页面访问顺序等信息，而通过分析Web日志可以获得相关页面、相似用户群体和用户访问模式等信息。数字图书馆个性化服务系统则可以利用上述信息，创建或更新用户描述文件。

2.数字图书馆资源描述文件。目前，数字图书馆个性化服务系统所处理的资源都属于文本范畴。资源的描述与用户的描述密切相关，一般的做法是用同样的机制来表达用户和资源。资源描述文件可以用基于内容的方法和基于分类的方法来表示。

（1）基于内容的方法。基于内容的方法是从资源本身抽取信息来表示资源；使用最广泛的方法是加权关键词矢量。对文档来说，关键的问题是特征选取，这要达到两个目标：一是选取最好的词，二是选取的词最少。要抽取特征词条，需要对文档进行词的切分；在切分的同时，利用停用词列表从文档特征集中除去停用的词。在完成词的切分后，还要除去文档集中出现次数过少和过多的词。经过这些处理后，特征数目一般还很大，还需对特征进行进一步的选取，以降低特征的维数。在完成文档特征的选取后，还得计算每个特征的权值；使用最广泛的是 TF-IDF（Term Frequency–Inverse Document Frequency）方法。对某一特征，TF 表示该特征在文档中出现的次数，IDF 表示 log（所有文档数 1 包含该特征的文档数）。为了加快处理速度，有时只考虑 TF 或 IDF 项，但单独考虑的结果会使效果显著下降。为此，综合考虑 TF 和 IDF，是目前技术条件下的适当选择。

（2）基于分类的方法。基于分类的方法是利用类别来表示资源。对文档资源进行分类，有利于将文档推荐给对该类文档感兴趣的用户。资源的类别可以预先定义，也可以利用聚类技术自动产生。大量研究表明，聚类的精度高度依赖于文档的数量，而且由自动聚类产生的类型对用户来说可能是毫无意义的。因此，可以先使用手工选定的类型来分类文档，在没有对应的候选类型或需要进一步划分某类型时，才使用聚类产生的类型。

3. 数字图书馆个性化推荐。数字图书馆个性化推荐可以采用基于规则的技术、信息过滤技术。

（1）基于规则的技术。规则可以由用户定制，也可以利用基于关联规则的挖掘技术来发现。利用规则来推荐信息依赖于规则的质量和数量。规则可以利用用户静态属性来建立，也可以利用用户动态信息来建立。为了利用规则来推荐资源，用户描述文件和资源描述文件需用相同的关键词集合来进行描述。信息推荐时的工作过程是这样的：首先根据当前用户阅读过的感兴趣的内容，通过规则推算出用户还没有阅读过的感兴趣的内容，然后根据规则的支持度（或重要程度），对这些内容进行排序并展现给用户。

基于规则的系统一般分为关键词层、描述层和用户接口层。关键词层提供上层描述所需的关键词，并定义关键词间的依赖关系（在该层可以定义静态属性的个性化规则）；描述层定义用户描述和资源描述（由于描述层是针对具体的用户和资源，所以描述层的个性化规则是动态变化的）；用户接口层提供个性化服务，即根据上述两层定义的个性化规则，将满足规则的资源推荐给用户。

（2）信息过滤技术。信息过滤技术分为基于内容过滤的技术和基于协作过滤的技术。基于内容过滤的技术是通过比较资源与用户描述文件来推荐资源，其关键问题是相似度的计算；其优点是简单、有效，缺点是难以区分资源内容的品质和风格，而且不能为用户发现新的感兴趣的资源，只能发现和用户已有兴趣相似的资源。基于协作过滤的技术是根据用户的相似性来推荐资源；与基于内容的过滤技术不同，它比较的是用户描述文件，而不是资源与用户描述文件；它的关键问题是用户聚类。由于基于协作过滤的技术是根据相似用户来推荐资源的，所以有可能为用户推荐出新的感兴趣的内容。

4.数字图书馆个性化服务体系结构。基于 Web 的数字图书馆个性化服务体系结构与用户描述文件存放的位置有很大的关系，用户描述文件可以存放在服务器端，也可以存放在客户端，还可以存放在代理端。大部分个性化服务系统的用户描述文件都存放在服务器端，其优点是可以避免用户描述文件的传输，除了支持基于内容的过滤，还可以支持基于协作的过滤；缺点是用户描述文件不能在不同的 Web 应用之间共享。也有一些系统的用户描述文件是存储在客户端的，这种体系的个性化服务可以在服务器端实现，也可以在客户端实现。其优点是用户描述文件可以在不同的应用之间共享，缺点是只能进行基于内容的过滤。还有一些系统的用户描述文件是存储在代理上的，这种体系的个性化服务可以在服务器端实现，也可以在代理上实现。其优点是不仅可以支持基于内容的过滤和基于协作的过滤，还可以支持用户描述文件在不同 Web 应用之间的共享；缺点是可能需要传输用户描述文件。

（三）数字图书馆个性化服务关键技术分析

目前，信息领域的个性化服务技术已日渐成熟，推送技术、智能代理技术、智能搜索引擎技术、动态网页生成技术、过程跟踪技术、安全身份认证技术、数据加密技术等都可以为数字图书馆的个性化服务提供技术支持。

1. 推送技术。推送技术是一种按照用户指定的时间间隔或根据发生的事件，把用户选定的数据自动推送给用户的计算机数据发布技术。这种技术的开发应用不过十年的时间，而应用于数字图书馆的个性化服务也只是近几年的事。与传统的拉取技术相比，基于推送技术的信息推送服务减少了用户盲目的网上搜索，具有主动、灵活、智能、高效的显著特点。

基于推送技术的数字图书馆个性化服务，其首要的任务是收集和更新用户信息（这一点在前文已做了分析），主要方式有频道推送、页面推送、电子邮件推送、移动通信推送等。其工作流程为：首先是建立用户需求管理数据库，用户需要在这里完成注册，表述自己的信息需求，经过统计分析做成一个有效的电子身份证；其次是建立信息库，即从 Web 上搜集信息并进行分类整理、确定标准，把个性化的信息标准设立出来并进入信息库；最后是推送服务器的信息推送，即推送服务器根据已建立的用户和信息的对应关系，在适当的时间以适当的方式把适当的信息主动推送到用户的计算机上。

2.智能代理技术。智能代理是人工智能研究的产物，被称为"会思维的软件"。它由自含式软件程序构成，利用储存在知识库里的信息执行任务，特别适用于分布计算或客户端服务器环境，能彼此间进行交流，共同执行单个智能代理软件所不能胜任的任务。智能代理能够在用户没有具体要求的情况下，代替用户进行各种复杂的工作（如信息查询、筛选及管理，推测用户的意图，自主制订、调整和执行工作计划等）。智能代理具有一定的推理能力，能够通过学习获得知识，能够随计算机用户的移动而移动，还能够通过协作和磋商来共同完成复杂的任务。从一定程度上说，智能代理服务是信息推送服务的一种变化和发展。

基于智能代理技术的数字图书馆个性化服务，主要表现在以下几个方面：其一，信息导航。用户上网查找信息时，智能代理能够充分发挥它的记忆和分析功能，根据用户爱好分析出该用户当前感兴趣的主题，提示用户链接与其专业领域更密切的页面。其二，智能检索。当用户指定了特定的信息需求之后，智能代理能够自动探测到信息的变化和更新，进而将其下载到数据存储地存放起来，同时将该信息自动地提示给用户。其三，生成页面。智能代理能依据存放的信息动态地生成网页，用户可以通过这个友好的浏览界面进行互动式的交流。其四，信息库管理。智能代理能够管理用户个人资料及其个人目录下的信息库，可以方便自如地帮助用户从信息库中存取信息。

3. 智能搜索引擎技术。智能技术引擎是搜索引擎运用先进的人工智能技术的新一代产物（又称第三代搜索引擎），它以高度的智能化功能和突出的个性化优势，在数字图书馆个性化服务系统的构建过程中起着十分重要的作用。它以良好的自然语言理解、知识逻辑推理能力，来判断、分析和处理用户的各种信息需求提问，发挥着数据挖掘和知识发现的作用：从知识（或概念）面域上同时匹配处理基于关键词的精确检索模式，以及基于自然语词的非规范表达句式，给用户提供检索问题的精确答案以及相关资料，使用户获得较高的检全率和检准率。

基于智能搜索引擎的数字图书馆个性化服务系统，既能体现智能搜索引擎综合现有系统许多功能的集成优势，简化、节约系统的技术结构内容，又可凭其良好的智能化与人性化功能，大大提高系统的工作效率，加速业务流程运行，使用户获得更为主动、快速、准确的个性化信息服务。在个性化服务系统中，知识库是智能搜索引擎的基础和核心；它是在数字图书馆信息资源库的基础上提炼、拓展而成的，是对数字图书馆信息资源库的判断、抽取、分析与概括。因此，智能搜索引擎的信息"源泉"，是极为丰富的数字图书馆信息资源。

4. 动态网页生成技术。动态网页生成技术可简要表述为：一个用户可以将一个HTML请求发送到一个可执行应用程序（而不是一个静态的HTML文件）；服务器将会立即运行这个限定的程序，对用户的输入做出反应，并将处理结果返回客户端，或者对数据的记录进行更新；通过这个模型，就可以在服务器和用户之间有效地进行交互。动态网页生成技术主要包括公用网关接口（GGI）、动态服务器网页（ASP）、超文本预处理器（PHP）、Java 服务器网页（JSP）等。其中，SUN 公司的 JSP 和 Microsoft 的 ASP 是目前两种比较成熟的动态网页生成技术。

JSP 和 ASP 都是面向 Web 服务器的技术，客户端浏览器不需要任何附加的软件支持；两者都提供了在 HTML 代码中混合某种程序代码、由语言引擎解释执行程序代码的能力。在 ASP 或 JSP 环境下，HTML 代码主要负责描述信息的显示样式，而程序代码则用来描述处理逻辑。普通的 HTML 页面只依赖于 Web 服务器，而 ASP 和 JSP 页面需要附加的语言引擎分析和执行程序代码；程序代码的执行结果被重新嵌入到 HTML 代码中，然后一起发送给浏览器。

JSP 和 ASP 所具有的动态网页生成功能，为包括数字图书馆在内的信息机构开展富有成效的个性化服务提供了强有力的技术支持。目前，在开发动态网页方面，国内数字图书馆大都采用 ASP 技术，而对于 JSP 技术的应用还处于尝试阶段。但相比之下，JSP 是一个开放的技术，它所具有的安全、高效、稳定和可维护性，比相对封闭的 ASP 更具有个性化优势，因而在数字图书馆个性化服务中有着更为广阔的应用前景。

（四）开拓前景

个性化服务技术给信息领域带来了一场新的革命，也为数字图书馆的信息服务开辟了广阔的前景。尽管这种技术在数字图书馆的应用还处于初始阶段，但走向广阔的前景只是一个时间问题。为此，面对日益增长的 Web 信息，要满足不同用户、不同背景、不同目的和不同时期的查询请求，值得我们研究和探讨的技术领域还很多,归纳起来主要有以下几个方向。

1. 用户兴趣和行为的表达。由于用户兴趣是多方面的和动态变化的,跟踪、学习和表达用户兴趣是最基本和难以解决的问题,这是数字图书馆个性化服务研究的首选方向。

2. 分类和聚类技术。分类和聚类技术是数字图书馆个性化服务的基本技术,不过有一些新的特点(比如能处理属于多个类的数据、能进行增量的处理、能处理高维和大数据量等),具有良好的可扩展性,这也是一个重点研究的方向。

3. 个性化推介技术。现有的个性化推介技术都存在一些缺点,如何克服这些缺点也是进一步研究的方向。

4. 标准统一技术。目前,网络信息组织和信息服务格式没有统一的标准,各标准之间互不兼容,因此,制定规范、统一的标准,提高数字图书馆个性化服务的信息资源共享程度,依然是一个重要的研究方向。

(五)安全(隐私保障)技术

目前,已经开发应用的数字图书馆个性化服务系统大都存在着如何保护用户隐私这样一个关键问题,个性化服务技术要发挥作用,必须提出一个有效的保护用户隐私的机制;只有先保障系统的安全,才能顺利实现个性化服务。因此,安全技术是实现数字图书馆个性化服务的又一个研究方向。

第七章 新时期高校图书馆读者服务创新模式研究

第一节 高校图书馆学科知识服务模式构建

一、图书馆学科知识服务概述

（一）图书馆知识服务与学科馆员制度

目前，各领域对知识服务的研究仍处于初级阶段，对知识服务概念的界定还众说不一，但所提出的概念在以下三个方面基本达成共识：第一，知识服务要以信息和知识的获取、组织、整合、重组为基础；第二，要以解决具体而实际的问题为目标；第三，追求知识服务对问题解答的价值效益。不同领域的知识服务的适用范畴不同，知识服务概念的界定要与相关领域的服务主体和客体的范畴相适应。

学科馆员制度是高校图书馆根据馆员的专业知识背景和实际能力，指定馆员与对口院系建立密切联系，主动为对口院系开展全方位信息服务的一种服务模式。这种服务模式有助于图书馆更好地融入学校的教学和科研活动中，加速信息资源的传递与交流，促进学校教学科研活动的开展，有针对性地为教师和学生利用图书馆提供帮助，解除他们在利用文献资源过程中的疑虑和困难，为其项目研究提供深层次服务。

（二）高校图书馆学科知识服务

高校图书馆学科知识服务是指将知识服务与学科馆员制度结合起来，按照学科专业领域组织人力和资源，提供专业化知识服务的一种服务方式。根据知识服务的定义，我们可以将高校图书馆学科知识服务的含义界定为以学科馆员的专业知识和图书情报知识为基础，针对用户在知识获取、知识选择、知识吸收、知识利用、知识创新的过程中的需求，对相关学科专业知识进行搜寻、组织、分析、重组，为教师和学生提供所需专业知识的服务。

高校图书馆富有竞争力的服务必须与学校的学科建设密切相关。相同学科研究领域的科研与教学人员，其科研环境、知识结构、心理特征、研究习惯、行为方式等都是相似的，对于学科知识与服务的共同需求是相对集中的。因此，"学科化"的知识服务模式能够发挥高校图书馆的优势。构建一个完善的、有效的高校图书馆学科知识服务模式是高校图书馆知识服务的重点，也是提升高校图书馆学科知识服务能力所亟待解决的问题。

二、高校图书馆学科知识服务系统的构成

高校图书馆学科知识服务系统由学科知识服务用户、学科馆员、信息资源库、学科知识库、学科知识服务平台等构成。

（一）学科知识服务用户

知识服务用户也可称为知识受众，是指通过知识媒介接受知识、获取知识的人或组织。高校图书馆的学科知识服务用户主要是指高校的教师和学生。

在学科知识服务系统中,知识服务用户不仅是知识的接受者和知识产品的消费者,还是知识服务的促进者和激励者,并可能成为未来知识的创造者和知识产品的提供者。

高校聚集了各学科领域的专家和学者,他们是知识创新的主力军,他们使高校成为知识创新最活跃的地带。学科知识服务用户的知识需求状况、利用水平、满意程度,乃至各种反馈意见、评价等都对高校图书馆学科知识服务系统的建立和持续发展起着重要作用。

(二)学科馆员

在整个学科知识服务过程中,学科馆员处于核心地位。学科馆员参与学科知识服务的各个环节,既要具有专业的学科知识背景,又要精通图书馆业务,通过学科化知识智能服务平台向用户提供集成的、全面的知识服务。他们在某种程度上是知识的消费者,在理解问题的基础上,通过对相关学科专业知识(显性知识)的搜集和利用,形成含有自己的经验及思维成果的新的知识产品。

学科馆员的角色从以往单纯地依托公共信息资源提供通用服务,转为全面介入资源建设、联合服务、用户培训、信息服务平台维护和参考咨询等整体工作流程,从单纯的知识提供者转变为信息资源的建设者、个性化和学科化服务的提供者以及学科特色知识库的建设者和推动者。学科馆员还将高校在特色学科方面的资源和服务进行有机的整合,形成馆院协调、灵活有序的工作模式,从而为教师和学生提供简便、高效、个性化、专业化的知识服务。

（三）信息资源库

信息资源库目前包括图书馆的馆藏资源库、各种信息检索系统以及网络资源等。信息资源库主要是以文献、事实、数据等人类显性知识为表现的海量信息，对其进行组织管理的过程可称为信息管理。信息资源库可以按照学科分类来组织和管理信息资源。图书馆在信息管理方面的理论与实践已经相对成熟。信息资源库中的显性知识是学科知识服务的素材和基础。随着对知识组织、知识挖掘、知识发现、知识揭示、智能技术等各方面研究的不断深入，传统的信息资源库将向着包含隐性知识在内的知识库的方向转化。

（四）学科知识库

学科知识库是学科知识服务系统中重要的组成部分，也是知识服务有别于信息服务的重要特征之一。

学科知识库中的知识包括学科馆员在解决知识服务用户提出的问题的过程中搜寻到的显性知识，也包括学科馆员运用自身的隐性知识以及利用从信息资源库中获取的显性知识所形成的，能够解决用户特定问题的新的知识产品或知识成果。这些知识被捕获、录入知识库，并经过加工、整理、评价、排序等程序构成知识库的主体，以便在合适的时机提供给新的用户或者进行进一步加工形成新的、更高层次的知识产品。

学科知识库与其他知识库的不同之处就在于其内容是严格按照学科分类进行组织的。高校还可根据自身的专业优势建立特色学科知识库。

（五）学科知识服务平台

学科知识服务平台是联系知识服务用户和学科馆员的媒介，是学科知识服务系统的外在表现形式，可以是两者得以联系的一个虚拟环境，也可以是一个服务系统的形式体现。学科知识服务用户通过知识服务平台享受服务，学科馆员通过这个平台向知识服务用户提供服务。学科知识服务系统的各个组成部分均在此平台上以醒目、有序、便捷的方式展现。此平台的建立、维护和发展需要依靠先进的信息技术，对服务过程的各环节进行有效的组织和管理。

学科知识服务智能化平台集成了学科知识门户、学科导航、RSS定制与推送、网络资源揭示、知识挖掘、定题知识服务等资源和工具，是一个需求驱动的学科化、智能化服务平台，支持学科馆员的学科需求分析，学科化、知识化信息选择与集成，个性化服务设计与管理等工作。该平台建立在学科知识库、特色资源数据、虚拟学科大类分馆平台之上，与个人数字图书馆、个性化信息环境相连接，能帮助学科馆员顺利深入科研一线，及时跟踪用户需求，并将与需求对应的个性化服务嵌入用户信息环境中，全面落实学科化、知识化、个性化、智能化的服务目标。

学科导航服务是对学科及相关学科知识进行归纳、组合、序化与优化，通过学科专业网站全方位地对学科资源进行集成与揭示，以便用户了解该学科领域的资源全貌。学科馆员依托成熟的校园网络和丰富的虚拟馆藏资源，为重点学科建立专业资源学术信息导航网站，使重点学科的专家学者能够通过专业导航网方便快捷地利用网上丰富的信息资源，掌握学科前沿动态。

网络资源揭示的主要方式是建立学科导航系统：利用搜索引擎在网络上全面搜索，通过选择、评估找到有价值的网站，将收集的相关网页下载、分类、标引，进行有效连接，并按照统一格式对网站进行客观的描述，给予公允的评价，形成便于浏览与检索的学科导航库。高校图书馆有责任承担对丰富的网络学术性资源整序的任务。

学科知识挖掘服务是面向内容的知识服务的一种主要形式。它是通过对资讯进行定性定量处理以挖掘隐含在其中的知识内容的一种服务。其特点主要是进行知识创新，发现未知的知识间的关联。这种深层次的学科知识服务更多地依赖人工智能技术的成熟与发展，支持这一过程的核心技术是特征提取、分类、聚类和关联规则发现、知识评价等。学科馆员在对用户需求分析的基础上，进行知识采集、知识过滤与挖掘、知识提供，通过用户满意度评估来评价整个知识服务过程。

定题知识服务主要指学科馆员针对用户的研究课题或学科重点知识需求，自动提供针对性极强的学科专业化定制服务。高校大多承担着国家或地方的科研项目，学科馆员要主动与承担科研项目的学科用户联系、沟通，深入了解课题立项的背景、项目要求与内容、经费及其他情况，设计定题服务方案，制定检索策略，建立定题服务数据库；通过推送服务不断为该学科科研项目提供动态、新颖的专题信息知识以及与课题相关的文献资源、该课题的最新研究成果、网络资源信息等，做到从学科课题立项到科研成果鉴定全过程的定题跟踪服务；通过定题知识服务提高知识服务对用户需求的支持力度。

RSS 是基于 XML 技术的因特网内容发布和集成技术。RSS 服务能直接将最新的信息即时主动推送到读者桌面，使读者不必直接访问网站就能得到更新的内容。读者定制RSS后，只要通过RSS阅读器就可看到即时更新的内容。

学科知识服务智能化平台集成各种技术与资源，为用户提供全方位、个性化、智能化的学科知识服务。

三、高校图书馆学科知识服务模式构建

根据上述高校图书馆学科知识服务系统的构成要素、各要素的特点及相互关系，可以构建出高校图书馆学科知识服务模式（图7-1）。

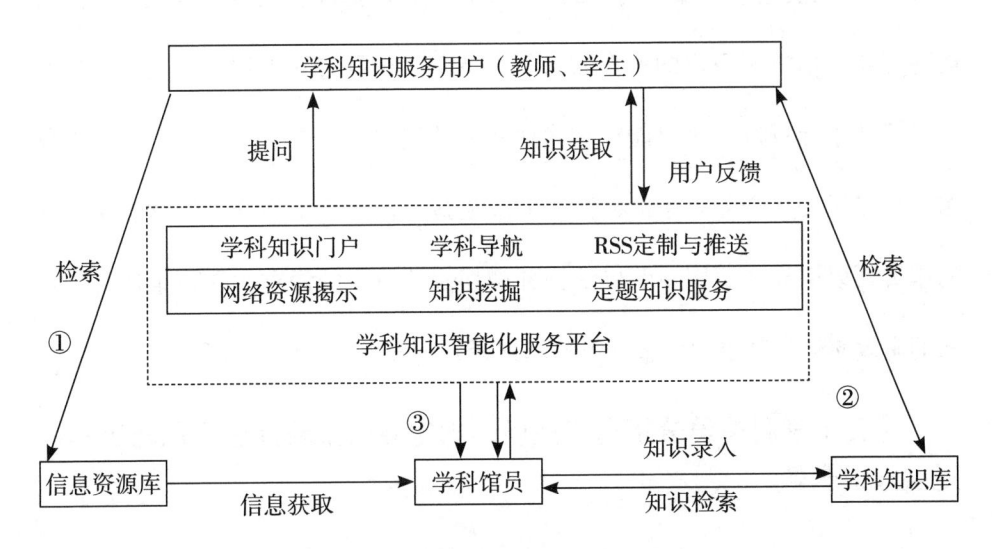

图7-1 高校图书馆学科知识服务模式

高校图书馆学科知识服务与传统图书馆的参考咨询服务程序相似，但也有所不同，具体包括以下几个方面。

（一）知识服务用户的提问

知识服务用户可通过三种途径获取信息和知识，解答自己的问题：一是学科知识服务用户即高校的师生可直接在信息资源库中检索自己所需的信息；

二是学科知识服务用户直接在学科知识库中检索自己所需的信息和知识；三是学科知识服务用户与学科馆员交流，阐述自己的问题，并期望学科馆员提供解决该问题的知识或知识产品。如果用户采取第三种途径，其问题的解决过程就是一个完整的知识服务过程。

（二）学科馆员明确用户提问，确定用户需求

图书馆通过学科知识服务平台受理用户提问，根据问题的性质、所属的学科范畴，将用户推荐给相关学科的学科馆员，或将提问转交给相应的学科馆员。学科馆员通过与知识用户的交流明确用户的提问，分析用户的真实需求，或更深层次地挖掘用户的潜在需求。这种学科馆员与知识用户沟通、交流的方式弥补了计算机系统只能针对表达清晰的用户需求展开服务的不足。学科馆员可以对用户未能表达的、潜在的或表达不清的需求展开尝试性、探索性的服务，以引导知识用户明确认识并确切表达自身的需求。学科馆员与用户间的有效交流是制定知识服务策略和选择知识服务工具的基础和前提。

（三）学科馆员分析用户提问，制定服务策略并选择服务工具，提供知识服务

学科馆员在明确用户需求的基础上，对用户需求进行分析，确定服务策略并选择服务工具。学科馆员可依据具体问题来确定是利用自己或合作者的知识储备直接解决问题，还是从知识库中查询已有知识，或是选择合适的信息资源获取相关信息，经选择、分析、整理、升华之后，形成新的知识产品提供给用户。

高校图书馆在接受有关大型科研项目的检索提问时，需要成立专门的知

识服务小组，小组中的学科馆员共同分析问题、制定服务策略、选取合适的服务工具，为科研项目提供信息、知识保障。

学科馆员根据用户层次、用户需求的不同，可提供以下几种知识服务：一是密切联系对口学科和院系，面向学科领域、研究主题及个性化需求进行学科资源建设；二是学科信息检索代理服务；三是学术信息交流组织与管理服务；四是学科知识服务用户信息素养及信息获取能力培养服务。

（四）知识服务用户的意见反馈

知识服务用户获得学科馆员提供的知识后，需要对知识服务进行意见反馈：如果满意，本次服务告一段落；如果不满意，学科馆员还需要重新进行询问、交流与服务。

用户意见反馈是对学科知识服务质量的评价指标之一。学科知识服务系统的建立、运行和日渐完善离不开服务对象的反馈，也离不开对服务结果的评论、分析以及在此基础上的调整、修饰和重构。

（五）学科知识库的管理

对于知识服务用户来说，得到了满意的答案就意味着知识服务的结束，但对于整个学科知识服务系统来说，还有一个重要的环节，就是对服务产生的知识记录加以积累、整序，按学科门类组织形成知识库。随着学科知识服务对象的增加、范围的扩大、学科的细化、内容的深化以及方法的变换，学科知识库中的内容也会不断增加、更新、完善和优化，这些工作就是对学科知识库的组织和管理。

对学科知识库的组织与管理不仅要重视各学科的显性知识、提问结果和最终形成的知识产品的记录，还要注重与检索结果密切相关的一些隐性知识的记录。

学科知识服务是高校图书馆较具优势的一种新型服务模式，它以学科为基础，采用先进的信息技术和网络技术，为高校图书馆用户提供深层次、知识化、专业化、个性化的集成服务，能够适应科技自主创新的要求，最大限度地满足高校师生的个性化信息与知识需求。因此，学科知识服务必将成为未来高校图书馆知识服务发展的主流。

第二节 高校图书馆移动服务创新模式

1962年，著名的媒介理论家麦克卢汉提出"地球村"的概念。在几十年后的今天，互联网真正建立了一个虚拟地球村。运用云技术，我们可以不再依赖特定的图式和编码系统实现全球化的资源共享。特别是伴随着互联网正式进入移动互联，4G、5G、WLAN等移动网络的普及，Web2.0、社交网络与智能手机等一系列技术的进步共同掀起了信息资源的移动共享浪潮，SoLoMo在高校图书馆移动服务中的应用越来越广泛。

一、移动环境下高校图书馆用户信息需求

信息需求是个体遇到问题时的一种心理状态，是已经转化了的、具体的、可操作的请求。信息需求是信息行为产生的前提和基础，只有当其达到一定强度时，信息需求才会转化为信息动机以驱使其采取某种行为去实现自己的

目标。信息服务就是针对用户的信息需求将开发好的、整理好的信息产品以方便的、准确的形式传递给用户的活动。

高校图书馆的信息服务已经从以图书馆系统为中心逐渐演变成以用户为中心的服务模式。诚然，高校图书馆的移动服务不仅包括虚拟平台上的服务，还涵盖物理空间上的服务，但是在移动互联网的时代背景下，高校图书馆移动服务的终极目的仍是移动信息服务。至此，高校图书馆开展个性化的移动服务的首要任务就是要了解其用户的信息需求。高校图书馆的用户主要由大学生和教师构成，因而其移动服务也要围绕这两个用户群开展。

（一）移动环境下大学生的信息需求

大学生通过移动网络获得时效性信息的需求很强烈，如图书馆的通知与公告、借阅信息提醒、自习座位实时状态、招聘信息、就业资讯等。移动环境除了能够帮助大学生明确信息需求，方便、快捷地主动获取所需信息外，还有助于对其隐性的信息需求进行挖掘。移动网络使学生更乐于被动地接受信息，他们通过微博、微信等移动平台浏览推送信息，在此过程中隐性信息需求被转化为明确的信息需求。

（二）移动环境下高校教师的信息需求

在大学课堂上，高校教师不再单一地传授理论知识，而是将理论与实践相结合。与大学生群体更乐于被动地接收信息不同，传道授业解惑的高校教师的信息需求更偏向于主动获取，他们的信息需求主要包括对学科专业知识的需求、对实践技能的需求以及对时事信息的需求。

移动网络的发展与推广使高校教师的信息需求同样具有实时性与即时性。

由于工作繁忙，教师更希望能够按需随时随地地获取信息，并且非常需要即时获取学科专业的最新动态与科研成果。为了使大学生的课堂更加生动、贴近现实，高校教师也需要了解更多的时事要闻与新闻动态。

总之，高校图书馆通过移动服务能真正实现用户任何时间、任何地点获取信息的愿望，用户通过高校图书馆的移动服务能尽情享受移动互联网所带来的全新阅读体验。

二、高校图书馆移动服务模式的嬗变

伴随网络通信技术的发展，高校图书馆的移动服务模式也随之不断演变与更迭。

（一）高校图书馆短信服务模式

短信是高校图书馆最早利用移动技术为读者提供服务的方式。短信服务模式对网络接入环境要求不高，不需要太高的移动终端的软硬件配置，成本非常低廉，因此成为当前高校图书馆使用最为广泛的服务模式。但是，"门槛"低也就意味着短信服务只能承载少量的信息，无法承担大数据的工作。因而，目前我国高校图书馆的短信服务主要包括查询个人借阅信息、预约和续借、查询图书馆 OPAC 以及通过短信接收图书馆主动发布的各类信息等。

（二）高校图书馆 WAP 网络服务模式

WAP 即无线应用协议，是一种全球性的开放协议。WAP 使移动 Internet 有了一个通行的标准，把目前 Internet 上 HTML 语言的信息转换成用 WML（Wireless Markup Language，无限量标语言）描述的信息并显示在移动电话等手持设备上，因此 WAP 网络服务模式成为当今高校图书馆移动信息服务最主流的服务模式。借助 5G 的优点，高校图书馆能够充分揭示馆藏资源与服务，并将 WAP 网站设计得更加友好与人性化。例如，通过 WAP 平台发布图书馆的各类公告、新闻动态、书刊推荐等，支持用户进行在线资源检索，为用户提供移动阅读等信息服务。

（三）高校图书馆客户端 App 服务模式

客户端 App 即客户端应用，就是可以在手机等移动终端上运行的软件。伴随 5G 的全面推广、Web2.0 的发展以及智能手机等移动终端的迅速发展，客户端 App 应用软件成为移动网络发展的重点。客户端 App 操作简单、内容丰富、功能强大，能够实现 WAP 方式不支持的功能，避免高校图书馆用户繁复的网址输入，因此客户端 App 成为当今最先进的一种高校图书馆移动信息服务模式。5G 等高速移动网络为高校图书馆客户端 App 的发展奠定了坚实的基础，能够推动客户端 App 向着更多类型、更多内容、更多功能等方向发展。但是，目前我国高校图书馆的客户端 App 服务模式还处在起步和摸索阶段，提供移动客户端 App 服务的高校图书馆还不多，可提供的客户端资源也不够丰富。

（四）高校图书馆微信公众平台服务模式

虽然客户端 App 优点很多，但是其研发的工作量和投入经费都巨大，使许多经费有限的高校图书馆都望而却步。微信公众平台的出现成为高校图书馆开展移动信息服务的一个新选择。

微信是 App 软件的一种，但它不是图书馆自主研发的 App，而是腾讯公司自 2011 年推出的一种免费的即时手机通信软件。微信公众平台是在微信基础上推出的新功能模块，是一个开放的平台，个人和企业可以通过微信公众平台打造一个微信的公众号，进行群发文字、图片、语音、视频、图文消息五个类别的内容。高校图书馆可以通过平台提供的 API 接口技术，根据自身与用户需求进行二次开发，为用户提供更快、更全、更多的移动信息服务内容。例如，清华大学图书馆的微信公众号定期发送"清图在报"，通过指令式互动，支持查询图书馆的书展、讲座、馆藏、个人借阅情况、座位实况等信息。

通过微信公众平台，高校图书馆可以跟每一位用户进行实时的交流与沟通，并且能够根据用户的不同需求推送信息。如可以向大学生群体提供图书馆的通知、公告与培训信息，提供借阅信息提醒、自习座位实时状态、招聘信息等；对于教师群体，高校图书馆可以将学科服务整合在微信公众平台上，为教师实时提供学术与科研的相关信息。目前，微信公众平台提供的移动信息服务内容主要包括图书馆馆藏图书的查询、续借、推荐，读者讲座、培训、活动通知，定位服务，实时咨询与反馈，等等。

总之，微信公众平台服务模式扩大了高校图书馆移动信息服务的外延，弥补并消除了一些高校图书馆在资金投入方面的不足和技术支持方面的障碍，降低了高校图书馆提供移动信息服务的门槛。移动 5G 的普及使超大文本与视频传输成为可能，高校图书馆可以借助微信平台向用户推荐更多的移动内容并提供更丰富的移动视频服务。

（五）高校图书馆移动信息服务云平台模式

移动环境下，用户对信息资源内容与个性化服务水平的要求进一步增强，高校图书馆移动信息服务的基础就是资源建设，为了弥补单一馆藏的不足以及资源的重复浪费，构建安全、可靠、高效、统一的用户云平台至关重要。

因此，应从宏观上建立国家级的共享移动资源内容，通过汇集各高校图书馆订购的馆藏资源构建电子资源内容云，建立高校图书馆间的虚拟"地球村"，使各高校图书馆能够实现资源共享，共同使用移动数字云资源库。高校图书馆通过云内容按需为用户提供全天候的移动服务。当前，中国高等教育文献保障系统（CALIS）的e读平台已经初步具备了上述功能。

除此之外，美国国家标准与技术研究院（NIST）从用户云服务体验的角度将云服务划分为IaaS、PaaS、SaaS三种服务模式。高校图书馆可以依据本馆的用户类型、用户规模与用户需求重点突出某一种云服务模式或将几种云服务模式相融合，构建本馆个性化的云服务模式平台。

总之，我国高校图书馆在移动服务上不断探索并取得了一定成绩，但真正推出移动服务的高校图书馆仍数量有限且社会覆盖率还有待提高。当前，国内高校图书馆的移动服务模式仍以短信服务为主流，而国外是以WAP网站访问为主流的服务模式。因此，我国的高校图书馆应根据本馆实际情况，开发符合不同用户信息需求的服务模式与创新服务内容。

三、高校图书馆移动服务创新

（一）移动借阅服务

手机阅读已成为多数大学生的阅读方式。手机阅读这种碎片化的阅读模式，作为移动阅读的重要组成部分已经超过了传统纸质阅读与电脑阅读，冲击着整个阅读市场。2011年，美国已有67.2%的图书馆提供电子书外借服务，但在中国，这类服务才刚刚起步。

移动网络与智能手机的普及为移动阅读带来了更多机会，高校图书馆用户无疑是移动阅读的重要人群，因此高校图书馆应该发挥自身阅读资源丰富的优势，建设本馆特色资源（学位论文、会议论文、专利文献等）保障体系，大力发展移动借阅服务以满足用户的移动阅读需求。

（二）视频教育服务

视频教育由来已久，但受限于软硬件，原来的视频教育都是通过电视或电脑来实现的。随着5G网络、家庭与公共场所Wi-Fi上网的普及，用户通过手机等移动终端在线看视频的网速限制已经得到初步解决；智能手机与移动设备的性能提升也为移动视频播放创造了条件；移动视频客户端的优化给用户带来了更好的视觉体验。当前的视频教育已经移植到手机等移动终端上，5G网络可以保证视频更加清晰，内容更加丰富，传输更加及时，真正实现高校教育视频的实时发布。

与国内商业网站提供的教育类视频相比，高校图书馆在视频教育的来源与内容方面存在绝对优势。高校图书馆的视频教育主要包括三种：第一种是高校学科的专业课视频；第二种是高校图书馆自身的用户培训视频；第三种是高校图书馆的可视化参考咨询。通过5G等移动互联网，高校图书馆可以随时随地根据用户需求提供各类视频教育资源，努力构建独特的移动视频教育服务平台，提升本馆的移动信息服务水平。

（三）移动付费服务

2013年，阿里巴巴和腾讯两大公司的打车App通过疯狂的补贴方式开启了国内移动支付的大门，可见移动付费市场的潜在威力。高校图书馆是公益事业，不会以营利为目的，但借助移动网络以及移动付费平台进行移动支付可以为用户利用高校图书馆的特定服务提供方便，免去需要用户亲自来图书馆交费的麻烦，实现高校图书馆各项移动信息业务的实时交互。

（四）移动社交网络服务

社交网络服务（SNS）是为一群拥有相同兴趣的人创建的在线社区，现已成为移动互联网最普及的应用，是当前高校图书馆用户最主要的沟通与交流方式。随着数字出版的发展，科研成果的发布已不再局限于期刊发表，越来越多的学术成果开始通过开放获取平台和社交网络进行快速传播与评价，引发了科学计量学的新革命，即基于使用学术社交网络的学术影响力评价理论——Altmetrics应运而生。可见，社交网络对大学生，尤其是高校教师而言，更有助于学术交流。为了满足用户的上述信息需求，高校图书馆的移动服务需要将各种SoLoMo应用整合到自身服务中，如提供热门社交网络入口，开通微博、微信等社交网络服务。

（五）个性化推送服务

随着科学研究进入第四范式，即数据密集型科学范式，大数据时代已真正来临。随着5G的逐步推广与普及，高校图书馆的数据会随之大量激增，因此需要图书馆具备处理大数据的能力。通过对大学生和教师大数据的分析与挖掘，高校图书馆可以准确推测用户的信息需求，做到真正意义上的个性化推送服务。虽然此项工作才刚刚起步，但是利用大数据分析并推广移动服务是高校图书馆今后的工作趋势。

图书馆的服务本质和社会使命可以用"5A"来概括，即任何用户在任何时间、任何地点均可以通过任何设备获取图书馆拥有的任何信息资源，这也是高校图书馆服务的根本。移动互联网技术与 SoLoMo 的发展使高校图书馆 5A 级服务的梦想正稳步走进现实。当前，我国高校图书馆的移动服务已经开展了多年，由于各种移动终端、移动网络并存，我国高校图书馆的移动服务模式仍处于各种模式并存的状态，发展还比较缓慢、普及率也不高，但 5G 等移动互联网为高校图书馆的移动服务带来了新的契机。高校图书馆应紧扣国家大力发展移动互联网的时代脉搏，时刻保持技术敏感度与服务竞争力，开发符合本馆用户信息需求的移动服务模式与创新服务内容，并将理论付诸实践。

第三节　高校图书馆信息共享空间服务模式

随着计算机技术、多媒体技术、网络技术、现代通信技术的发展，人们的学习方式和接受信息的方式发生了重大变化，学习环境更多是强调协作性和共享性。在这种环境的要求下，高校图书馆以"用户为中心"的信息服务模式，即基于用户的信息需求、以满足用户信息需求为目标的信息服务工作模式应运而生。20 世纪 90 年代初，美国高校图书馆界为了满足高校这种研究和学习的需求，发展了一种新型服务模式——信息共享空间。最初的信息共享空间只是一个供学生写论文和编程的电脑学习室。经过多年的发展，现在信息共享空间已经发展成为一个可以为用户提供各种信息集成服务的场所，成为美国高校图书馆备受用户欢迎的主流服务模式，这为构建我国高校图书馆的信息共享空间提供了理论和实践上的指导。

一、信息共享空间的模式、原则和目标

（一）信息共享空间的模式

尽管信息共享空间已经成为美国高校图书馆的主流服务模式，但对信息共享空间模式的研究，学者和专家各有自己的观点，其中代表性较强的有两层次模式和三层次模式。

1. 唐纳德·比格（Donald Beagle）的两层次模式。美国北卡罗来纳大学图书馆信息共享空间前负责人的唐纳德·比格是两层次模式的主要倡导者，他在自身实践的基础上，于1999年提出了"信息共享中心"（Information Commons）这一概念，认为信息共享空间是以数字化信息资源环境为背景、为信息供需双方特别设计的一个协同工作空间，它可以使用户与馆员、用户与用户之间进行显性和隐性知识的交流，通过对组织、技术、资源和服务进行有效整合，实现用户的信息交流。他将信息共享空间划分为虚拟空间和物理空间。

虚拟空间（virtual space）主要是指数字资源的网络环境，使用户通过友好的图形用户界面（GUI），利用搜索引擎从各个工作站点获取数字信息服务。服务的内容不仅包括本馆的馆藏书目信息，还包括各种数字信息资源。

物理空间（Physical space）是指通过对馆内的工作场所及提供的各种服务进行组织，为虚拟的数字资源环境提供物理空间上的支持。

2. 贝利（Bailey）的三层次模式。北卡罗来纳大学夏洛特分校图书馆馆员贝利认为信息共享空间由宏观、微观和综合三个层次构成。宏观信息共享空间是指对全世界的信息，特别是网络信息资源建立起来的共享空间，这是一种广义的概念。

微观信息共享空间是指一个拥有计算机或数字技术，以及各种外围设备、软件支持和网络基础设施高度集中的场所。

综合信息共享空间能够集成各种数字信息资源，为研究、教学和学习提供相应的信息空间。例如，对上网计算机的管理、为各种软件设置许可协议和序列号以及对数据库的访问采用 IP 地址限制等均妨碍了信息的自由流动和共享。

尽管学者和专家提出的模式不尽相同，但基本的思想是一致的，即信息共享空间是为用户提供一站式服务和协作学习环境的场所，它整合了图书馆中各种软硬件资源、数字信息资源以及图书馆人员，为用户提供了一个可以进行信息检索，并能进行交流、学习和协作的空间。

（二）信息共享空间的目标

无论信息共享空间采取哪一种模式，它在高校图书馆中的应用要实现的目标有以下几种：首先，提供一站式、个性化服务，以满足用户的信息需求；允许用户自由选择并获取硬件设备、软件资源以及网络信息资源，充分利用图书馆资源。其次，用户可以从图书馆员、计算机专家以及多媒体工作者那里获得各种帮助和咨询服务，在信息共享空间工作人员的指导下进行学习和研究，充分体现了图书馆以"用户为中心"的服务思想。再次，强调集中式学习研究，为用户提供一个良好的学习、研究和交流的空间。从次，培养用户检索、评价和使用信息的能力，从而提高用户的信息素养。最后，作为协助用户学习和进行知识管理的工具，它的目标是提高用户进行知识创造的能力。

二、面向集成服务的信息共享空间的构建

（一）信息共享空间的战略规划

信息共享空间提供的信息服务模式应该是各部门之间以整体优化的方式来提供的服务功能。因此，在战略规划上要强调各部门之间在功能上的协作，减少组织管理层次，使组织机构体系逐步呈扁平的网状管理结构，以促进部门之间的沟通和协作，使高校图书馆的管理工作更加高效化。

信息共享空间的信息服务充分考虑了用户的需求特点，以分布式多样化数字信息资源的整合为出发点，从而充分体现了高校图书馆的服务特征。

（二）信息共享空间的构建要素

1.物理空间。对于信息共享空间，首要的目的就是为用户提供一个舒适的学习和交流的物理空间。空间的构建可以是多媒体的电子教室、供小组交流的讨论室、提高研究水平的咨询区、进行独立创作的单独研究室等。卡尔加里大学的图书馆中就设有一个大的教学区和10个大小不等的合作学习研究室，为教师的教学和学生的协作式学习提供了便利的条件。

由于每个人都有自己的学习方式和习惯，因此在构建物理空间时，要充分考虑到每个用户的需求。美国得克萨斯州立大学图书馆的工作人员根据用

户的不同需求，通过区分个人与集体、有计算机环境和无计算机环境，对物理空间进行了划分。

2. 资源。信息共享空间是集信息资源、各种软硬件设施于一体的综合性服务模式。除提供传统的馆藏资源（如印刷型图书、资料和工具书）外，信息共享空间必须具备丰富的电子资源（如电子期刊、电子图书）、专业数据库、多媒体文件以及网络等信息资源。

在硬件方面，信息共享空间不仅具有计算机、通信设备（有线连接和无线连接），还要提供复印机、打印机、扫描仪、摄像机、投影仪等外围设备。硬件设施还包括在物理空间中配置的各种舒适的桌椅、沙发等家具设施和宽敞的休息室。在软件方面，要求具备获取电子资源的软件，同时要提供各种办公软件和多媒体播放软件。

信息共享空间的工作人员必须不断地更新各种电子资源，根据用户实际需求增设各种软硬件设施，这样才能保证信息共享空间成为知识管理和提高用户信息素养的一个重要场所。

3. 服务。在数字化环境下，要求信息共享空间提供的服务是集传统的图书馆服务与数字信息服务于一体的集成服务。通过对信息技术、信息资源、服务功能、服务人员、服务机构等各种信息服务要素进行整合，实现整体功能的优化，使用户得到动态的、全方位的、多层次的、多元化的信息服务，用户只需要在信息服务台就能够获取一站式的信息服务。

服务功能主要包括文献借阅传递服务、信息检索服务、数字参考咨询服务、信息发布推送服务、知识导航服务、馆际互借服务、实时咨询服务和用户教育培训服务。具体到不同的服务，又可进行多元分化，如信息检索服务可以分为光盘检索、联机检索、数据库检索、OPAC检索和智能代理检索；知识导航服务可以具体分为分类导航、学科导航、主题导航和资源类型导航；用户的教育培训可以分为检索培训、图书馆利用培训和信息素养培训。

同时，要加强与国内外公共、高校及科研院所图书馆的合作，在联合采购、联合编目、馆际互借、公共检索、资源导航、合作咨询、联合培训等方面充分共享资源，提升高校图书馆的综合服务能力。

4. 人员。信息共享空间在空间、资源和服务上的实现需要相应的信息共享空间工作人员的支持，因此人员也成为信息共享空间的构建要素。

信息共享空间人员的构成主要包括以下几个方面：

（1）参考咨询馆员，负责资源使用方面的参考咨询。

（2）信息技术专家，负责计算机软硬件和网络技术的支持。

（3）多媒体工作者，为教师开发多媒体教学软件，并能指导学生进行多媒体的制作。

（4）指导教师，利用各种资源进行教学和研究，并能对学生进行一对一的指导。

信息共享空间这一服务模式对人员素质的要求较高，不仅要求工作人员具有与自己的服务相关的技能和技术，还要具备很强的学习能力、领悟能力和实践能力，要能随着信息技术的发展和用户的需求，不断更新自己的知识结构，提高服务水平。因此，图书馆要对工作人员进行定期培训，不断提高他们的综合素质。

(三)信息共享空间的效果评价

在构建信息共享空间之后,最重要的步骤就是对这一服务进行评价,建立起以用户为中心的信息共享空间服务质量评价体系,保障信息共享空间的有效运行。评价内容应综合考虑信息共享空间的四个构建要素:物理空间、资源、服务和人员。

具体方式可以是向用户发放反馈表格、进行网上调查,或是两种方式结合,正确地了解、分析和评价用户对服务质量的感受和要求。根据评价结果,可以发现服务中存在的不足,不断改善服务设施,改进工作方法,提高服务质量,从而更好地满足用户的需求。

三、对我国高校图书馆构建信息共享空间的指导

信息共享空间之所以能在高校获得如此大的关注并取得成功,主要有两个方面的原因:一是尽管学生拥有各种电子设备,但他们更倾向于在教室里学习和研究,而不是在嘈杂的集体宿舍;二是在查找信息时,他们更喜欢同参考咨询馆员进行面对面的交流。虽然这个概括略为简单了些,但是它正好强调了信息共享空间是应用户的需求而产生的,突出了其在高校图书馆的重要地位。

(一)我国高校图书馆构建信息共享空间具备的条件

高校图书馆的发展重点经历了"以资源为中心""以馆员为中心"和"以用户为中心"三个阶段,其每一阶段的发展都是为了向用户提供更好的信息服务。高校图书馆的不断发展和进步使其具备了构建信息共享空间的前提条件。

首先，在资源建设方面，无论是传统的馆藏资源，还是网络信息资源，高校图书馆都进行了扩充建设，特别是网络信息资源的建设，为师生提供了参考咨询服务、国内外期刊数据库、光盘数据库等，打破了传统图书馆受地理空间限制的局限性，使更多的网络信息资源实现了共享，带来了信息服务的网络化，更好地满足了高校师生对信息资源的需求。

其次，在馆员素质方面，高校图书馆为了满足学校的教学、科研以及社会对信息的需求，鼓励馆员用自己的知识、技术、能力为用户开展信息服务，并针对馆员培养制度提出了"学科馆员""信息导航员""知识型馆员"等相关概念。近些年来，清华大学图书馆、北京大学图书馆、武汉大学图书馆、西安交通大学图书馆等知名高校图书馆相继试行了这种以特定师生文献需求为中心的"学科馆员"制度，效果很好，深受师生欢迎。

最后，在面向用户服务方面，高校图书馆已经意识到，其所提供的信息服务应以用户需求为中心，以充分满足各种用户需求为目的，及时提供对个人有价值的、专用的信息，体现出个性化的服务模式。

（二）我国高校图书馆构建信息共享空间存在的问题

我国高校图书馆在不断的发展中虽然具备了一些构建信息共享空间的软硬件条件，但是在图书馆理念与管理体制方面仍存在着问题。

在理念方面，图书馆没有充分意识到自身建设在高校整体发展中的重要性。国外的经验表明，高校图书馆并不只是提供各种信息的检索机构，还应该在学校的教学和科研创新活动中有所作为。这不仅是高校发展的需要，还是图书馆自身发展的需求，所以高校图书馆应抓住这个机遇，积极参与到全校师生的教学和科研活动中去，为他们提供能够进行知识创新的信息共享空间。

在管理体制方面，目前高校图书馆基本上仍然沿用传统的管理方式。在市场经济条件下，高校图书馆应引入竞争机制，在机构设置上科学划分各部门的权限，厘清行政与业务的关系，使行政为业务建设服务，调动各部门的积极性。

（三）我国高校图书馆构建信息共享空间的策略

我国高校图书馆构建信息共享空间的策略包括以下几个方面。

1. 融入信息共享空间的理念。信息共享空间为独立学习、团队讨论和集体研究提供信息和场所，通过激发用户的灵感达到知识创造的目的。在图书馆的建设与管理过程中，融入信息共享空间的理念，为广大用户提供信息共享空间已成为图书馆发展的潮流。

2. 制定信息共享空间的规划。信息共享空间规划对建立图书馆信息共享空间具有重要的指导意义。由于我国高校图书馆信息共享空间起步比较晚，与国外相比，缺乏理论指导，因此在制定规划时，高效图书馆应在结合自身具备的一些软硬件的基础上，根据自己的馆情和用户利用图书馆的行为特点，借鉴国外信息共享空间的实践，以制定出满足本馆用户需求的战略规划。

3. 构建合理的信息共享空间服务体系。应综合考虑信息共享空间的四个构建要素，即对物理空间、资源、服务以及人员的设置要进行合理的分配。针对不同的用户设置规模大小不同的物理空间，同时针对用户的需求提供多元化服务，真正实现虚拟空间和物理空间的结合。

在新的学习环境和技术条件下，用户对高校图书馆的服务内容和服务能力有了更高的要求，高校图书馆只有不断地开拓新的服务模式，才能更好地适应时代的发展。作为面向用户的信息服务模式，信息共享空间是对高校图书馆服务模式的一种创新，也为高校图书馆的发展提供了良机。在实际工作中，不同的图书馆可以根据自身的硬件设备、数字资源、服务及管理机制、人员素质及其知识结构等，灵活地进行集成，最大限度地满足用户需求，推动信息共享空间的发展。

第四节　高校图书馆"重点读者"服务创新模式

个性化服务是指在数字信息环境下，图书馆利用网络和信息技术获取并分析用户的信息使用习惯、偏好、背景和要求，从而为用户提供充分满足其个体信息需要的一种集成性信息服务，包括时空、形式和内容三个个性化服务方面。

"重点读者"是指图书馆根据学校总体发展要求，依据高校教学、科研和生产的三大基本功能界定读者的范围、对象、结构和梯队，亦即这三方面的学科带头人、拔尖人才和专家学者。个性化服务"重点读者"就是及时跟踪和分析"重点读者"对文献需求的内容和范围、数量和质量，利用丰富的信息资源优势，通过多种途径收集信息，并对这些信息进行判断分析和加工整理，然后及时传递给"重点读者"，建立以"重点读者"为对象的集文献信息咨询、检索、供应等多种服务形式于一体的文献信息主动服务模式。在服务工作中，从确定读者的主体地位着手，变静态为动态、变单向被动服务为双向交流主动参与服务，这是服务模式的一种创新。

一、个性化服务"重点读者"的缘起

图书馆要提高服务水平和自身学术价值，除了要做好日常的一般读者的信息服务外，还必须突出重点，优先开展"重点读者"的个性化服务工作。临沂大学图书馆选择了"重点学科、重点专业、重点实验室、重点课题、重点课程"领域的教学、科研和生产人员作为"重点读者"进行服务。这样做的原因有三个：一是这些"重点读者"对文献信息资料的需求在"广度、深度和难度"上远远超出了一般读者，其专业性、专题性、目的性和针对性强，图书馆的一般外借阅览服务不能完全满足他们的需要；二是"重点读者"都是本单位的专业能手和业务骨干，他们在学术方面起带头作用，在教学和科研中能迅速扩大学校的影响力和知名度，能带动学校的快速发展；三是有针对性地提供对口的信息检索、获取、分析、归纳等一条龙服务，可以节省"重点读者"查阅大量资料所花费的时间，提升教学、科研和生产效率，促使他们早出成果、多出成果、出好成果。

二、个性化服务"重点读者"的做法

（一）确立条件，选定对象

根据图书馆的具体情况，我们拟定了"重点读者"的条件：（1）承担学校重点学科、重点专业、重点实验室和精品课程建设的人员；（2）取得省部级科研成果并继续承担省部级以上重要科研课题的人员；（3）具有博士学位或取得硕士以上导师资格的人员；（4）有突出贡献的中青年专家和拔尖人才。

图书馆主动到教务处、科研处、人事处调查了解重点学科及精品课程授课人、重点课题主持人、硕士以上导师等的有关情况后,向他们发放"重点读者"服务表,在征得本人同意并填表后,他们就成为"重点读者"服务对象。图书馆为其建立档案数据库,每人发放一张电子服务卡,对"重点读者"的学科、专业、课题名称、研究方向、文献资料的需求情况,姓名、职称、单位、住址、联系电话、E-mail 等进行登记,以方便进行服务。图书馆还随时挑选新的符合条件的"重点读者",及时将那些年轻有为的读者纳入,同时剔除落伍者,实行"重点读者"动态管理。

(二)项目管理,定向服务

确立"重点读者"服务项目卡。首先,向建档的"重点读者"发放"绿色"借阅证,凡持有"绿色"借阅证者,图书馆所有服务部门都要为其开"绿灯",允许他们自由出入馆内所有主、辅书库和阅览室等,可借阅所有纸质型和电子型文献,借书册数由原来每人 10 册增加到 30 册,借书期限由原来的 3 个月延长到 6 个月,并可根据需要继续顺延。其次,采编部门可依据自身工作规律对"重点读者"采取特殊的"时间差"服务,即编目人员根据自己的工作情况在分编与入库的"时间差"期间,向"重点读者"推荐和提供短期借阅新书。最后,与"重点读者"保持密切联系,随时掌握和了解他们在学科建设、课题立项和专业研究方面的进展情况,特别是阶段性的文献需求,可以根据实际需要,有选择、准确、及时地为他们提供定向服务,使有效信息不失时机地实现其"广、快、精、准、新"价值,促使"重点读者"顺利、保质保量地完成所承担的教学、科研和生产任务。

参考文献

[1]江敏."互联网+"背景下公共图书馆读者服务创新路径——以印江土家族苗族自治县图书馆为例[J].传播与版权,2024(5).

[2]苏锐.中职图书馆读者服务工作的挑战及创新探析[J].兰台内外,2024(6).

[3]赵凯平.微信平台与公共图书馆读者服务工作的融合[J].新闻传播,2024(4).

[4]金炜,段育杰.公共图书馆提升老年读者阅读服务的路径研究[J].大舞台,2024(1).

[5]王雅琼.提升公共图书馆少儿阅读服务质量的新思考[J].办公室业务,2024(3).

[6]谢丽红.新时期公共图书馆老年读者阅读推广服务研究[J].传媒论坛,2024,7(2).

[7]孔令芳,张雅彬,林如诗,俞渊.数智时代高校图书馆全链路、一站式图书荐购服务平台的设计与应用研究[J].大学图书馆学报,2024,42(1).

[8]吴青青.探讨图书馆资源建设与读者服务的关系[J].科技资讯,2024,22(2).

［9］张倩.医学图书馆数字参考咨询服务探究［J］.合作经济与科技，2024(5).

［10］常爱东.人本管理理念在高校图书馆管理创新中的应用［J］.内蒙古科技与经济，2024(1).

［11］王勇.高校图书馆读者服务和管理创新［J］.文化产业，2024(2).

［12］肖茂彬.信息时代图书馆读者服务再升级［J］.文化产业，2024(2).

［13］张绍敏.智慧读者服务管理系统建设策略［J］.传媒论坛，2024，7(1).

［14］李昊远.AI赋能公共图书馆视障读者有声读物建设与服务［J］.大学图书情报学刊，2024，42(1).

［15］余望枝,刘芳.基于智能问答的图书馆参考咨询服务设计及优化[J].图书馆理论与实践，2024(1).

［16］陈晓霞.高校图书馆微信公众平台读者服务功能建设[J].科技资讯，2024，22(1).

［17］公丽香.公共图书馆视障读者阅读服务的升级［J］.文化产业，2023(36).

［18］高阳,陈文彬.基于读者小数据的图书馆交互叙事模型研究［J］.图书馆学刊，2023，45(12).

［19］黎少玲.公共图书馆开发红色文献资源的实践、案例与路径［J］.图书与情报，2023(6).

［20］陈凯迪.高校图书馆读者荐购服务调查研究［D］.哈尔滨：黑龙江大学，2023.

［21］李红霞，冀颖，王金英.高校图书馆微服务体系概论［M］.北京：新华出版社，2022.

［22］曾小燕.北京市公共图书馆读者健康信息服务调查研究［D］.哈尔滨：黑龙江大学，2022.

［23］张兆庭.长三角地区省级公共图书馆残障读者服务调查与研究［D］.贵阳：贵州财经大学，2021.

［24］邓震卿.公共图书馆读者服务创新研究——以江西省公共图书馆为例［D］.南昌：南昌大学，2021.

［25］阮星宇.安徽省地市级公共图书馆残疾读者服务现状调查与研究［D］.合肥：安徽大学，2021.

［26］刘雅心.我国图书馆读者荐购服务研究［D］.哈尔滨：黑龙江大学，2021.

［27］胡常京，张军，孔令晨，王波.基于"供需匹配"的高校图书馆读者服务空间ASTM评价研究——以云南大学呈贡校区图书馆为例［D］.昆明：云南大学，2020.

［28］苑青松.山东省济南市农村图书馆读者服务调查研究［D］.哈尔滨：

黑龙江大学，2020.

［29］李雅璐.福州地区公共图书馆老年读者服务研究［D］.福州：福建师范大学，2018.